国家出版基金项目

绿色制造丛书

组织单位 | 中国机械工程学会

国家出版基金项目
NATIONAL PUBLICATION FOUNDATION

绿色制造总论

刘　飞　刘培基　单忠德

尹震飚　李方义　陈　铭　著

朱　胜　汪晓光　邱　城

机械工业出版社
CHINA MACHINE PRESS

绿色制造是一个综合考虑环境影响和资源消耗的现代制造模式。本书围绕我国构建绿色制造体系、实施绿色制造工程等重大战略的需要，较系统地介绍了绿色制造的理论与技术体系、功能系统、运行模式、实施策略等多方面内容，主要包括：绿色制造的内涵及意义，绿色制造的理论与技术总论，企业绿色制造的功能系统、运行模式与实施策略，绿色制造的研究与实施现状，绿色制造技术的研究与发展趋势，我国绿色制造发展的几点建议。

　　作为简明扼要的绿色制造综合参考资料，本书可供科技界、教育界、企业界和政府部门的有关人员使用。

图书在版编目（CIP）数据

绿色制造总论/刘飞等著 . —北京：机械工业出版社，2021.1
（绿色制造丛书）
国家出版基金项目
ISBN 978-7-111-67423-8

Ⅰ.①绿…　Ⅱ.①刘…　Ⅲ.①制造工业 – 研究 – 中国
Ⅳ.①F426.4

中国版本图书馆 CIP 数据核字（2021）第 019332 号

机械工业出版社（北京市百万庄大街 22 号　邮政编码 100037）
策划编辑：罗晓琪　责任编辑：罗晓琪　佟　凤
责任校对：李　伟　责任印制：李　楠
北京宝昌彩色印刷有限公司印刷
2021 年 3 月第 1 版第 1 次印刷
169mm×239mm · 11.75 印张 · 206 千字
标准书号：ISBN 978-7-111-67423-8
定价：58.00 元

电话服务　　　　　　　　网络服务
客服电话：010-88361066　机　工　官　网：www.cmpbook.com
　　　　　010-88379833　机　工　官　博：weibo.com/cmp1952
　　　　　010-68326294　金　书　网：www.golden-book.com
封底无防伪标均为盗版　机工教育服务网：www.cmpedu.com

"绿色制造丛书" 编撰委员会

主　任

宋天虎　中国机械工程学会

刘　飞　重庆大学

副主任（排名不分先后）

陈学东　中国工程院院士，中国机械工业集团有限公司

单忠德　中国工程院院士，南京航空航天大学

李　奇　机械工业信息研究院，机械工业出版社

陈超志　中国机械工程学会

曹华军　重庆大学

委　员（排名不分先后）

李培根　中国工程院院士，华中科技大学

徐滨士　中国工程院院士，中国人民解放军陆军装甲兵学院

卢秉恒　中国工程院院士，西安交通大学

王玉明　中国工程院院士，清华大学

黄庆学　中国工程院院士，太原理工大学

段广洪　清华大学

刘光复　合肥工业大学

陆大明　中国机械工程学会

方　杰　中国机械工业联合会绿色制造分会

郭　锐　机械工业信息研究院，机械工业出版社

徐格宁　太原科技大学

向　东　北京科技大学

石　勇　机械工业信息研究院，机械工业出版社

王兆华　北京理工大学

左晓卫　中国机械工程学会

朱　胜　再制造技术国家重点实验室

刘志峰　合肥工业大学

朱庆华　上海交通大学

张洪潮　大连理工大学

李方义　山东大学

刘红旗　中机生产力促进中心

李聪波　重庆大学

邱　城　中机生产力促进中心

何　彦　重庆大学

宋守许　合肥工业大学

张超勇　华中科技大学

陈　铭　上海交通大学

姜　涛　工业和信息化部电子第五研究所

姚建华　浙江工业大学

袁松梅　北京航空航天大学

夏绪辉　武汉科技大学

顾新建　浙江大学

黄海鸿　合肥工业大学

符永高　中国电器科学研究院股份有限公司

范志超　合肥通用机械研究院有限公司

张　华　武汉科技大学

张钦红　上海交通大学

江志刚　武汉科技大学

李　涛　大连理工大学

王　蕾　武汉科技大学

邓业林　苏州大学

姚巨坤　再制造技术国家重点实验室

王禹林　南京理工大学

李洪丞　重庆邮电大学

"绿色制造丛书" 编撰委员会办公室

主　任

刘成忠　陈超志

成　员（排名不分先后）

王淑芹　曹　军　孙　翠　郑小光　罗晓琪　罗丹青　张　强　赵范心　李　楠
郭英玲　权淑静　钟永刚　张　辉　金　程

制造是改善人类生活质量的重要途径，制造也创造了人类灿烂的物质文明。

也许在远古时代，人类从工具的制作中体会到生存的不易，生命和生活似乎注定就是要和劳作联系在一起的。工具的制作大概真正开启了人类的文明。但即便在农业时代，古代先贤也认识到在某些情况下要慎用工具，如孟子言："数罟不入洿池，鱼鳖不可胜食也；斧斤以时入山林，材木不可胜用也。"可是，我们没能记住古训，直到 20 世纪后期我国乱砍滥伐的现象比较突出。

到工业时代，制造所产生的丰富物质使人们感受到的更多是愉悦，似乎自然界的一切都可以为人的目的服务。恩格斯告诫过：我们统治自然界，决不像征服者统治异民族一样，决不像站在自然以外的人一样，相反地，我们同我们的肉、血和头脑一起都是属于自然界，存在于自然界的；我们对自然界的整个统治，仅是我们胜于其他一切生物，能够认识和正确运用自然规律而已（《劳动在从猿到人转变过程中的作用》）。遗憾的是，很长时期内我们并没有听从恩格斯的告诫，却陶醉在"人定胜天"的臆想中。

信息时代乃至即将进入的数字智能时代，人们惊叹欣喜，日益增长的自动化、数字化以及智能化将人从本是其生命动力的劳作中逐步解放出来。可是蓦然回首，倏地发现环境退化、气候变化又大大降低了我们不得不依存的自然生态系统的承载力。

不得不承认，人类显然是对地球生态破坏力最大的物种。好在人类毕竟是理性的物种，诚如海德格尔所言：我们就是除了其他可能的存在方式以外还能够对存在发问的存在者。人类存在的本性是要考虑"去存在"，要面向未来的存在。人类必须对自己未来的存在方式、自己依赖的存在环境发问！

1987 年，以挪威首相布伦特兰夫人为主席的联合国世界环境与发展委员会发表报告《我们共同的未来》，将可持续发展定义为：既满足当代人的需要，又不对后代人满足其需要的能力构成危害的发展。1991 年，由世界自然保护联盟、联合国环境规划署和世界自然基金会出版的《保护地球——可持续生存战略》一书，将可持续发展定义为：在不超出支持它的生态系统承载能力的情况下改善人类的生活质量。很容易看出，可持续发展的理念之要在于环境保护、人的生存和发展。

世界各国正逐步形成应对气候变化的国际共识，绿色低碳转型成为各国实现可持续发展的必由之路。

中国面临的可持续发展的压力尤甚。经过数十年来的发展，2020年我国制造业增加值突破26万亿元，约占国民生产总值的26%，已连续多年成为世界第一制造大国。但我国制造业资源消耗大、污染排放量高的局面并未发生根本性改变。2020年我国碳排放总量惊人，约占全球总碳排放量30%，已经接近排名第2~5位的美国、印度、俄罗斯、日本4个国家的总和。

工业中最重要的部分是制造，而制造施加于自然之上的压力似乎在接近临界点。那么，为了可持续发展，难道舍弃先进的制造？非也！想想庄子笔下的圃畦丈人，宁愿抱瓮舀水，也不愿意使用桔槔那种杠杆装置来灌溉。他曾教训子贡：“有机械者必有机事，有机事者必有机心。机心存于胸中，则纯白不备；纯白不备，则神生不定；神生不定者，道之所不载也。”（《庄子·外篇·天地》）单纯守纯朴而弃先进技术，显然不是当代人应守之道。怀旧在现代世界中没有存在价值，只能被当作追逐幻境。

既要保护环境，又要先进的制造，从而维系人类的可持续发展。这才是制造之道！绿色制造之理念如是。

在应对国际金融危机和气候变化的背景下，世界各国无论是发达国家还是新型经济体，都把发展绿色制造作为赢得未来产业竞争的关键领域，纷纷出台国家战略和计划，强化实施手段。欧盟的“未来十年能源绿色战略”、美国的“先进制造伙伴计划2.0”、日本的“绿色发展战略总体规划”、韩国的“低碳绿色增长基本法”、印度的“气候变化国家行动计划”等，都将绿色制造列为国家的发展战略，计划实施绿色发展，打造绿色制造竞争力。我国也高度重视绿色制造，《中国制造2025》中将绿色制造列为五大工程之一。中国承诺在2030年前实现碳达峰，2060年前实现碳中和，国家战略将进一步推动绿色制造科技创新和产业绿色转型发展。

为了助力我国制造业绿色低碳转型升级，推动我国新一代绿色制造技术发展，解决我国长久以来对绿色制造科技创新成果及产业应用总结、凝练和推广不足的问题，中国机械工程学会和机械工业出版社组织国内知名院士和专家编写了“绿色制造丛书”。我很荣幸为本丛书作序，更乐意向广大读者推荐这套丛书。

编委会遴选了国内从事绿色制造研究的权威科研单位、学术带头人及其团队参与编著工作。丛书包含了作者们对绿色制造前沿探索的思考与体会，以及对绿色制造技术创新实践与应用的经验总结，非常具有前沿性、前瞻性和实用性，值得一读。

丛书的作者们不仅是中国制造领域中对人类未来存在方式、人类可持续发展的发问者，更是先行者。希望中国制造业的管理者和技术人员跟随他们的足迹，通过阅读丛书，深入推进绿色制造！

华中科技大学　李培根

2021 年 9 月 9 日于武汉

丛书序二

在全球碳排放量激增、气候加速变暖的背景下，资源与环境问题成为人类面临的共同挑战，可持续发展日益成为全球共识。发展绿色经济、抢占未来全球竞争的制高点，通过技术创新、制度创新促进产业结构调整，降低能耗物耗、减少环境压力、促进经济绿色发展，已成为国家重要战略。我国明确将绿色制造列为《中国制造2025》五大工程之一，制造业的"绿色特性"对整个国民经济的可持续发展具有重大意义。

随着科技的发展和人们对绿色制造研究的深入，绿色制造的内涵不断丰富，绿色制造是一种综合考虑环境影响和资源消耗的现代制造业可持续发展模式，涉及整个制造业，涵盖产品整个生命周期，是制造、环境、资源三大领域的交叉与集成，正成为全球新一轮工业革命和科技竞争的重要新兴领域。

在绿色制造技术研究与应用方面，围绕量大面广的汽车、工程机械、机床、家电产品、石化装备、大型矿山机械、大型流体机械、船用柴油机等领域，重点开展绿色设计、绿色生产工艺、高耗能产品节能技术、工业废弃物回收拆解与资源化等共性关键技术研究，开发出成套工艺装备以及相关试验平台，制定了一批绿色制造国家和行业技术标准，开展了行业与区域示范应用。

在绿色产业推进方面，开发绿色产品，推行生态设计，提升产品节能环保低碳水平，引导绿色生产和绿色消费。建设绿色工厂，实现厂房集约化、原料无害化、生产洁净化、废物资源化、能源低碳化。打造绿色供应链，建立以资源节约、环境友好为导向的采购、生产、营销、回收及物流体系，落实生产者责任延伸制度。壮大绿色企业，引导企业实施绿色战略、绿色标准、绿色管理和绿色生产。强化绿色监管，健全节能环保法规、标准体系，加强节能环保监察，推行企业社会责任报告制度。制定绿色产品、绿色工厂、绿色园区标准，构建企业绿色发展标准体系，开展绿色评价。一批重要企业实施了绿色制造系统集成项目，以绿色产品、绿色工厂、绿色园区、绿色供应链为代表的绿色制造工业体系基本建立。我国在绿色制造基础与共性技术研究、离散制造业传统工艺绿色生产技术、流程工业新型绿色制造工艺技术与设备、典型机电产品节能减排技术、退役机电产品拆解与再制造技术等方面取得了较好的成果。

但是作为制造大国，我国仍未摆脱高投入、高消耗、高排放的发展方式，资源能源消耗和污染排放与国际先进水平仍存在差距，制造业绿色发展的目标尚未完成，社会技术创新仍以政府投入主导为主；人们虽然就绿色制造理念形成共识，但绿色制造技术创新与我国制造业绿色发展战略需求还有很大差距，一些亟待解决的主要问题依然突出。绿色制造基础理论研究仍主要以跟踪为主，原创性的基础研究仍较少；在先进绿色新工艺、新材料研究方面部分研究领域有一定进展，但颠覆性和引领性绿色制造技术创新不足；绿色制造的相关产业还处于孕育和初期发展阶段。制造业绿色发展仍然任重道远。

本丛书面向构建未来经济竞争优势，进一步阐述了深化绿色制造前沿技术研究，全面推动绿色制造基础理论、共性关键技术与智能制造、大数据等技术深度融合，构建我国绿色制造先发优势，培育持续创新能力。加强基础原材料的绿色制备和加工技术研究，推动实现功能材料特性的调控与设计和绿色制造工艺，大幅度地提高资源生产率水平，提高关键基础件的寿命、高分子材料回收利用率以及可再生材料利用率。加强基础制造工艺和过程绿色化技术研究，形成一批高效、节能、环保和可循环的新型制造工艺，降低生产过程的资源能源消耗强度，加速主要污染排放总量与经济增长脱钩。加强机械制造系统能量效率研究，攻克离散制造系统的能量效率建模、产品能耗预测、能量效率精细评价、产品能耗定额的科学制定以及高能效多目标优化等关键技术问题，在机械制造系统能量效率研究方面率先取得突破，实现国际领先。开展以提高装备运行能效为目标的大数据支撑设计平台，基于环境的材料数据库、工业装备与过程匹配自适应设计技术、工业性试验技术与验证技术研究，夯实绿色制造技术发展基础。

在服务当前产业动力转换方面，持续深入细致地开展基础制造工艺和过程的绿色优化技术、绿色产品技术、再制造关键技术和资源化技术核心研究，研究开发一批经济性好的绿色制造技术，服务经济建设主战场，为绿色发展做出应有的贡献。开展铸造、锻压、焊接、表面处理、切削等基础制造工艺和生产过程绿色优化技术研究，大幅降低能耗、物耗和污染物排放水平，为实现绿色生产方式提供技术支撑。开展在役再设计再制造技术关键技术研究，掌握重大装备与生产过程匹配的核心技术，提高其健康、能效和智能化水平，降低生产过程的资源能源消耗强度，助推传统制造业转型升级。积极发展绿色产品技术，研究开发轻量化、低功耗、易回收等技术工艺，研究开发高效能电机、锅炉、内燃机及电器等终端用能产品，研究开发绿色电子信息产品，引导绿色消费。开展新型过程绿色化技术研究，全面推进钢铁、化工、建材、轻工、印染等行业绿色制造流程技术创新，新型化工过程强化技术节能环保集成优化技术创新。开展再制造与资源化技术研究，研究开发新一代再制造技术与装备，深入推进废旧汽车（含新能源汽车）零部件和退役机电产品回收逆向物流系统、拆解/破碎/分离、高附加值资源化等关键技术与装备研究并应用示范，实现机电、汽车等产品的可拆卸和易回收。研究开发钢铁、冶金、石化、轻工等制造流程副产品绿色协同处理与循环利用技术，提高流程制造资源高效利用绿色产业链技术创新能力。

在培育绿色新兴产业过程中，加强绿色制造基础共性技术研究，提升绿色制造科技创新与保障能力，培育形成新的经济增长点。持续开展绿色设计、产品全生命周期评价方法与工具的研究开发，加强绿色制造标准法规和合格评判程序与范式研究，针对不同行业形成方法体系。建设绿色数据中心、绿色基站、绿色制造技术服务平台，建立健全绿色制造技术创新服务体系。探索绿色材料制备技术，培育形成新的经济增长点。开展战略新兴产业市场需求的绿色评价研究，积极引领新兴产业高起点绿色发展，大力促进新材料、新能源、高端装备、生物产业绿色低碳发展。推动绿色制造技术与信息的深度融合，积极发展绿色车间、绿色工厂系统、绿色制造技术服务业。

非常高兴为本丛书作序。我们既面临赶超跨越的难得历史机遇，也面临差距拉大的严峻挑战，唯有勇立世界技术创新潮头，才能赢得发展主动权，为人类文明进步做出更大贡献。相信这套丛书的出版能够推动我国绿色科技创新，实现绿色产业引领式发展。绿色制造从概念提出至今，取得了长足进步，希望未来有更多青年人才积极参与到国家制造业绿色发展与转型中，推动国家绿色制造产业发展，实现制造强国战略。

中国机械工业集团有限公司　陈学东

2021 年 7 月 5 日于北京

丛书序三

绿色制造是绿色科技创新与制造业转型发展深度融合而形成的新技术、新产业、新业态、新模式，是绿色发展理念在制造业的具体体现，是全球新一轮工业革命和科技竞争的重要新兴领域。

我国自 20 世纪 90 年代正式提出绿色制造以来，科学技术部、工业和信息化部、国家自然科学基金委员会等在"十一五""十二五""十三五"期间先后对绿色制造给予了大力支持，绿色制造已经成为我国制造业科技创新的一面重要旗帜。多年来我国在绿色制造模式、绿色制造共性基础理论与技术、绿色设计、绿色制造工艺与装备、绿色工厂和绿色再制造等关键技术方面形成了大量优秀的科技创新成果，建立了一批绿色制造科技创新研发机构，培育了一批绿色制造创新企业，推动了全国绿色产品、绿色工厂、绿色示范园区的蓬勃发展。

为促进我国绿色制造科技创新发展，加快我国制造企业绿色转型及绿色产业进步，中国机械工程学会和机械工业出版社联合中国机械工程学会环境保护与绿色制造技术分会、中国机械工业联合会绿色制造分会，组织高校、科研院所及企业共同策划了"绿色制造丛书"。

丛书成立了包括李培根院士、徐滨士院士、卢秉恒院士、王玉明院士、黄庆学院士等 50 多位顶级专家在内的编委会团队，他们确定选题方向，规划丛书内容，审核学术质量，为丛书的高水平出版发挥了重要作用。作者团队由国内绿色制造重要创导者与开拓者刘飞教授牵头，陈学东院士、单忠德院士等 100 余位专家学者参与编写，涉及 20 多家科研单位。

丛书共计 32 册，分三大部分：① 总论，1 册；② 绿色制造专题技术系列，25 册，包括绿色制造基础共性技术、绿色设计理论与方法、绿色制造工艺与装备、绿色供应链管理、绿色再制造工程 5 大专题技术；③ 绿色制造典型行业系列，6 册，涉及压力容器行业、电子电器行业、汽车行业、机床行业、工程机械行业、冶金设备行业等 6 大典型行业应用案例。

丛书获得了 2020 年度国家出版基金项目资助。

丛书系统总结了"十一五""十二五""十三五"期间，绿色制造关键技术与装备、国家绿色制造科技重点专项等重大项目取得的基础理论、关键技术和装备成果，凝结了广大绿色制造科技创新研究人员的心血，也包含了作者对绿色制造前沿探索的思考与体会，为我国绿色制造发展提供了一套具有前瞻性、系统性、实用性、引领性的高品质专著。丛书可为广大高等院校师生、科研院所研发人员以及企业工程技术人员提供参考，对加快绿色制造创新科技在制造业中的推广、应用，促进制造业绿色、高质量发展具有重要意义。

当前我国提出了 2030 年前碳排放达峰目标以及 2060 年前实现碳中和的目标，绿色制造是实现碳达峰和碳中和的重要抓手，可以驱动我国制造产业升级、工艺装备升级、重大技术革新等。因此，丛书的出版非常及时。

绿色制造是一个需要持续实现的目标。相信未来在绿色制造领域我国会形成更多具有颠覆性、突破性、全球引领性的科技创新成果，丛书也将持续更新，不断完善，及时为产业绿色发展建言献策，为实现我国制造强国目标贡献力量。

中国机械工程学会　宋天虎
2021 年 6 月 23 日于北京

前　言

制造业是国民经济的主体，是立国之本、兴国之器、强国之基。改革开放以来，我国制造业持续快速发展，极大地促进了我国经济的繁荣。但是，我国制造业的可持续发展面临资源短缺与环境污染两大难题，这也是全球制造业发展面临的巨大难题。为此，一种提升资源效率、降低环境影响的可持续制造模式——绿色制造，应运而生。

绿色制造是制造业实现绿色可持续发展的具体体现。绿色制造旨在使产品从设计、制造、包装、运输、使用到报废处理的整个生命周期，对环境的负面影响极小，资源利用率极高，并使企业经济效益、社会效益和生态效益协调优化。因此，从内涵本质的角度讲，绿色制造也可称为可持续制造，并与低碳制造、环境意识制造和面向环境的制造等现代制造模式的内涵相近或等同。

绿色制造是我国建设制造强国的内在要求。工业是我国资源消耗和环境影响的主要领域：工业能耗、二氧化硫与氮氧化物排放量和非常规污染物均占全国 2/3 以上，而制造业是工业的主要组成部分，上述资源消耗和环境影响问题也主要来源于制造业。我国政府高度重视工业的绿色发展，如《国家中长期科学和技术发展规划纲要（2006—2020 年)》将绿色制造列为制造业领域的三大思路之一，提出使我国制造业资源消耗、环境负荷水平进入国际先进行列的目标；《中国制造 2025》在"指导思想"中提出"构建绿色制造体系，走生态文明的发展道路"，并将"全面推行绿色制造"作为《中国制造 2025》的"战略任务和重点"之一；《中华人民共和国国民经济和社会发展第十四个五年规划和2035 年远景目标纲要》将"广泛形成绿色生产生活方式，碳排放达峰后稳中有降"设为我国国民经济和社会发展的 2035 年远景目标之一，并明确要求"深入实施智能制造和绿色制造工程，发展服务型制造新模式，推动制造业高端化智能化绿色化"。

为了更好地响应国家的战略部署，推进绿色制造体系建设，促进工业绿色低碳发展，中国机械工程学会和机械工业出版社共同组织了"绿色制造丛书"。

本书是丛书的第一本，旨在从综合和比较系统的角度，介绍绿色制造的内涵、理论技术体系、发展现状与趋势等多方面内容，希望能为科技界、教育界、企业界和政府部门的有关人员提供简明扼要的绿色制造综合参考。

本书分为6章，第1章绿色制造的内涵及意义，主要介绍绿色制造的概念及其相关的概念和模式、绿色制造的两大行业特征差异以及发展绿色制造的意义。第2章绿色制造的理论与技术总论，主要介绍绿色制造的理论体系、技术体系。第3章企业绿色制造的功能系统、运行模式与实施策略，主要介绍企业实施绿色制造的需求、潜力与挑战，绿色制造的总体功能系统与总体运行模式，企业绿色制造功能系统与运行模式的构建方法以及企业绿色制造的实施策略。第4章绿色制造的研究与实施现状，主要介绍国内外绿色制造的研究现状、国外绿色制造的实施现状、国内绿色制造的实施现状、以及绿色制造细分主题的文献检索分析。第5章绿色制造技术的研究与发展趋势，概述了绿色制造技术的研究与发展趋势，论述了几个具体的技术发展问题。第6章我国绿色制造发展的几点建议，对我国绿色制造重点发展技术和我国绿色制造发展的支撑体系提出了一些建议。

本书由刘飞、宋天虎策划，由刘培基、刘飞和单忠德主要撰写，尹震飚、李方义、陈铭、朱胜、汪晓光和邱城参与撰写。其中，汪晓光和邱城撰写了第4.3节，李方义撰写了第5.3节和第6.1.1小节，陈铭撰写了第5.4节和第6.1.5小节，朱胜撰写了第6.1.4小节；其余由刘培基、刘飞、单忠德和尹震飚撰写。

本书得到了"绿色制造丛书"编撰委员会的大力支持，他们为本书的策划、撰写和出版做出了重要贡献，在此表示衷心感谢！

本书在写作过程中参考了有关文献，并尽可能地列在每章末，在此向所有被引用文献的作者表示诚挚的谢意。

由于绿色制造是一门正在迅速发展的综合性交叉学科，撰写本书涉及面广，综合难度大，加上作者水平的局限，书中不妥之处在所难免，敬请广大读者批评指正。

作　者

2020 年 4 月

目录 CONTENTS

第 1 章

———

绿色制造的内涵及意义

1.1 绿色制造的概念

自 20 世纪后期以来，资源环境问题对人类社会的生存与发展造成严重威胁。如果人类仍然对资源环境问题重视不够，不采取果断措施，继续以牺牲资源环境来求得经济的高速发展，则定会走向自我毁灭的道路。近年来，人们越来越深刻地认识到人类应从传统的观念束缚中挣脱出来，反思自己，树立崭新的环境观念，采取有力措施，走绿色文明之路，从而创造出人与环境和谐共存、可持续发展的新局面。

制造业是国民经济的主体，是立国之本、兴国之器、强国之基。但制造业在促进经济增长和丰富人民物质生活的同时，也带来了严重的资源环境问题。如何破解制造业的资源环境约束，是制造业走向可持续发展的关键。为此，一种提升资源效率、降低环境影响的可持续制造模式——绿色制造应运而生。

关于绿色制造的概念已发展有 20 多年。1996 年美国制造工程师协会在底特律年会上发布了《绿色制造》蓝皮书，书中提出了绿色制造的概念，并给予了系统介绍。国内绿色制造最常用的文献之一是于 1997 在全国先进生产模式与制造哲理研讨会上提出的绿色制造定义：

绿色制造是一个综合考虑环境影响和资源消耗的现代制造模式，其目标是使产品从设计、制造、包装、运输、使用到回收处理的整个产品生命周期中，对环境负面影响最小，资源利用率最高，并使企业经济效益和社会效益协调优化。

上述定义中，由于环境负面影响的减小是一个逐步减小的相对过程，也是一个最终极限为零的极限过程，因此，本书将用"对环境负面影响极小"替代"对环境负面影响最小"。同理，由于资源利用率逐步提升的相对过程，也是一个最终极限为资源利用率 100%，即完全循环利用的极限过程，因此，本书将用"资源利用率极高"替代"资源利用率最高"。

在上述定义的提出背景下，环境效益常常被视为社会效益的一部分。但随着环境问题受到的关注越来越高，环境效益被单独提及的频率也越来越高，故而绿色制造的内涵也逐渐由"经济效益和社会效益协调优化"转变为"经济效益、环境效益和社会效益协调优化"。

近年来，对绿色制造环境效益的认识逐步扩展到了"生态效益"。生态效益是指人们在生产中依据生态平衡规律，使自然界的生物系统对人类的生产、生活条件和环境条件产生的有益影响和有利效果。生产、生活条件是以资源为基础的，因此生态效益包括了环境效益和资源效益。由于绿色制造是一个综合考虑环境影响和资源消耗的现代制造模式，因此，在绿色制造的定义中，本书将采用生态效益替代环境效益。

综上所述，本书将绿色制造定义调整为：

绿色制造是一个综合考虑环境影响和资源消耗的现代化制造模式；其目标是使产品从设计、制造、包装、运输、使用到回收处理的整个产品生命周期中，对环境负面影响极小，资源利用率极高，并使企业经济效益、社会效益和生态效益协调优化。

由上述绿色制造定义可知：

1）绿色制造中的"制造"涉及产品整个生命周期，属于"大制造"概念。传统上，人们一般将"制造"（manufacturing）理解为产品的制造过程，如机械加工过程，这就是通常称作的"小制造"概念。目前，国际上比较公认的定义是国际生产工程学会（CIRP）1990年给的"制造"的定义：制造是涉及制造工业中产品设计、物料选择、生产计划、生产过程、质量保证、经营管理、市场销售等一系列相关活动和作业的总称。这就是通常称作的"大制造"概念。绿色制造中的"制造"，除在某些特定环境外，一般是指"大制造"的概念。为更好地描述和区分两者，本书采用"生产制造"表示"小制造"的概念。

2）该定义表明绿色制造涉及的问题领域有三部分：一是制造问题，包括产品生命周期全过程；二是环境保护问题；三是资源优化利用问题。绿色制造就是这三部分内容的交叉，如图1-1所示。对这三部分问题的整体解决，就体现了绿色制造对经济效益、社会效益和生态效益的协调优化。

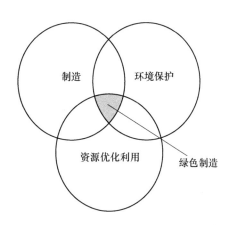

图1-1　绿色制造是制造、环境保护和资源优化利用三个领域的交叉问题

3）该定义体现了一个基本观点，即制造系统中导致环境污染的根本原因在于资源消耗，因而其中体现了资源和环境两者不可分割的关系。也正因为如此，绿色制造被普遍认为是解决制造业环境污染问题的根本模式，是人类社会可持续发展理念在现代制造业中的具体体现。

1.2 绿色制造相关的模式和概念

▶1.2.1 与绿色制造相关的制造模式

为解决制造过程带来的资源浪费和环境污染等问题，国内外已相继提出了一系列的制造概念和制造模式，如图1-2所示。

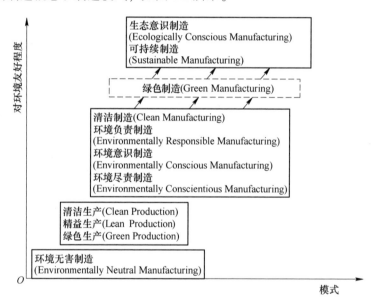

图1-2 与绿色制造相关的模式

第一层次为环境无害制造，其内涵是该制造过程不对环境产生危害，但也未改善现有环境状况或者说它是中性的。

第二层次包括清洁生产、精益生产和绿色生产等。其内涵是这些制造模式不仅不对环境产生危害，而且还应有利于改善现有环境状况。但是其绿色性主要是指具体的制造过程或生产过程是绿色的，而不包括产品生命周期中的其他过程，如设计、产品使用和回收处理等。

第三层次包括清洁制造、环境意识制造等。其内涵是指产品生命周期的全过程（即不仅包括具体的制造过程或生产过程，而且还包括产品设计、售后服务及产品寿命终结后处理等）均具有绿色性。在绿色制造概念提出的早期，学者们也一度认为绿色制造属于该层次。

第四层次包括生态意识制造、可持续制造等。其内涵不仅包括产品生命周期的全过程具有绿色性，而且包括产品及其制造系统的存在及其发展均应与环境和生态系统协调，形成可持续性发展系统。近年来，随着绿色制造的目标已经过渡到"经济效益、社会效益和生态效益协调优化"，也认为绿色制造属于第四层。

1.2.2 绿色制造与产业生态学

产业生态学又称为工业生态学，也是在可持续发展理念的基础上，结合工业领域的特点而提出的。1997 年，耶鲁大学和麻省理工学院共同合作出版的全球第一本《产业生态学》杂志的发刊词指出："产业生态学是一门迅速发展的系统科学分支。它从局部、地区和全球三个层次上系统地研究产品、工艺、产业部门和经济部门中的能量流动和物质流动"。

产业生态学认为自然系统中的物质和能量在一个巨大的链条中循环和转化，从而使整个系统得以保持平衡和不断进化；而在人类经济系统中，生产和消费的经济活动链中未完全使用的材料和能量成了产业废物，大多被弃置在自然环境中的土地、水和空气中成为废弃物；当废弃物的数量超过自然环境的吸收能力时，即产生环境污染，久而久之将造成环境恶化和资源匮乏。

因此，众多学者认为工业废物不应被废弃，而应当作为其他工业过程和产品的材料来源；工业废物应当被看成是一种副产品，只是尚未找到适当的用途；为了在人口和经济不断增长的同时，不增加全球资源和环境的负担，保持全球生态系统的平衡，必须保持工业生态系统的平衡。此后，人们意识到，必须在废物和污染产生之前就消除它或避免它的产生才能从根源上消除污染。这需要在产品整个生命周期着手，使工业废物得以避免、减少和再利用。

由此可见，产业生态学与绿色制造提出的时间相近，并共用了一些理念和方法。但绿色制造针对具体的制造行业及其具体的资源消耗环节，可实施性更强些。

1.2.3 绿色制造与循环经济、低碳经济和绿色经济

1. 循环经济

循环经济是一种以资源的高效利用和循环利用为核心，以"减量化、再利用、资源化"为原则，以"低消耗、低排放、高效率"为基本特征，符合可持

续发展理念的经济增长模式。其中："减量化"是指在生产、流通和消费等过程中减少资源消耗和废物产生；"再利用"是指将废物进行修复、翻新、再制造后继续作为产品使用，或者将废物的全部或者部分作为其他产品的部件予以使用；"资源化"是指将废物直接作为原料进行利用或者对废物进行再生利用。

传统经济是"资源－产品－废弃物"的单向直线过程，创造的财富越多，消耗的资源和产生的废弃物就越多，对环境资源的负面影响也就越大。循环经济则以尽可能小的资源消耗和环境成本，获得尽可能大的经济和社会效益，从而使经济系统与自然生态系统的物质循环过程相互和谐，促进资源永续利用。为推动传统经济模式向循环经济转变，我国已于2009年1月1日起施行《中华人民共和国循环经济促进法》（2018年10月26日第一次修订）。

循环经济的核心是资源的高效利用和循环利用，这与绿色制造"制造系统中导致环境污染的根本原因是资源消耗和废弃物的产生"的基本观点是一致的；但循环经济是一种经济模式，涉及的产业范围更广，而绿色制造作为一种制造模式，则具有更丰富的技术内容。

▶▶ 2. 低碳经济

"低碳经济"一词起源于2003年的英国能源白皮书《我们能源的未来：创建低碳经济》（*Our Energy Future：Creating A Low Carbon Economy*），旨在实施一场能源革命，建立一种较少排放温室气体的经济发展模式，从而减缓气候变化。由于温室气体排放的根本原因在于能源消耗，因此低碳经济的实质是能源效率和清洁能源结构问题，目标是减缓气候变化和促进人类的可持续发展。

2008年国际金融危机爆发后，随着美国奥巴马政府将低碳经济与经济拯救联系起来，发达国家纷纷部署和实施低碳经济战略，从而使低碳经济在全球范围内得到广泛关注；我国也于2010年开展低碳产业建设试点工作。

低碳经济作为一种经济模式，包含了制度、产业、技术、贸易等更广的范围；但能源是资源中的一个大类，由能源而产生的环境问题也只是环境问题的一部分，因此，在制造领域，具有更广技术范围的绿色制造能对低碳经济构成有力的技术支持。

▶▶ 3. 绿色经济

"绿色经济"一词最早于1989年由英国环境经济学家戴维·皮尔斯（David Pearce）等在其著作《绿色经济的蓝图》中提出，主张在环境可承受的范围内发展经济，但并没有对其概念进行明确的界定。"绿色经济"这一概念经历了两个阶段，工业文明的"绿色经济"和生态文明的"绿色经济"。

1）工业文明的"绿色经济"。工业文明时代以消耗大量的自然资源和生态资源、牺牲生态环境为代价来创造经济价值。工业文明的"绿色经济"提出了经济增长的绿色化改进，主张解决环境问题应从末端治理进入生产过程；本质上，工业文明中的"绿色经济"属于对传统工业经济的补救，并没有要求经济模式的变革。

2）生态文明的"绿色经济"。2008年，全球爆发了能源危机、粮食危机和经济危机。为应对全球能源危机、刺激经济复苏以及创造新的就业机会，联合国环境规划署（United Nations Environment Programme）开展"全球绿色新政"（Global Green New Deal）。2012年"里约+20"峰会提出了用绿色经济来解决可持续发展和贫困问题。同时，提出了绿色经济新理念：

① 要求绿色经济要将投资从传统的消耗自然资源转向维护和扩展自然资源。

② 要在维护好生态环境的同时实现经济的增长。

③ 要求把绿色经济中促进社会公平作为一个目标任务，来有效地解决贫困问题。

由此可见，绿色经济新理论兼顾了生态目标、经济目标和社会目标三个目标。

对于循环经济、低碳经济和绿色经济的关系，著名经济学家成思危曾在中国循环经济协会成立大会上指出：近年来，绿色经济是我国一个非常重要的发展方向，主要包括低碳经济、循环经济和生态经济三个方面。低碳经济的重点是提高能源利用效率，减少以二氧化碳为主的温室气体排放量来应对气候变化；循环经济的重点是提高资源利用效率，充分利用好资源，提高资源的投入产出比；生态经济的重点是保护和改善生态环境。

由此可见，低碳经济、循环经济和生态经济构成了绿色经济的重要组成部分；但要实现经济的绿色、低碳、循环、生态发展，就需要从根本上改变现有的制造模式和消费模式。

制造业是国民经济的主体，要求经济效益、社会效益和生态效益协调优化的绿色制造，是实现绿色经济转变的核心途径和重要支撑。

1.3 绿色制造的两大行业特征差异

制造业可分为流程制造业和离散制造业。其中，流程制造是指加工对象不间断地通过生产设备，通过一系列的加工装置使原材料进行化学或物理变化，最终得到产品；典型的流程制造业有医药、石油、化工、钢铁、水泥等行业。

与流程制造产品相对应的离散制造的产品，则一般由多个零件经过一系列并不连续的工序的加工最终装配而成。典型的离散制造业有汽车、电子产品、家电、飞机、机床、武器装备、船舶等以及流程制造装备的制造业等。

两类制造业的产品类型、生产工艺、组织方式等差异较大，导致其绿色制造特征除了共同之处外，也存在较大的差异。在此，对制造业两大行业的绿色制造特征差异进行分析。

1）流程制造业在产品制造阶段的资源消耗和环境影响很大，在生命周期其他阶段一般很小或不存在；而离散制造业的产品在生命周期各阶段的资源消耗和环境影响则呈现多样化的特点。

流程制造业的产品多为基础消耗品，如药品、汽油、食品、饮料、纸张、钢铁、水泥、化肥等，主要用作消费品或原材料，这些产品需求量大，且一般是按库存、批量、连续的生产方式，故而生产过程中的资源消耗和环境影响都很大。以钢铁行业为例，据《中国统计年鉴2019》，钢铁行业的能耗约占中国总能耗的13.6%，钢铁行业二氧化硫、氮氧化物和颗粒物排放量分别为106万t、172万t、281万t，占全国排放总量的7%、10%、20%左右。而在其他生命周期阶段，资源消耗和环境影响则一般很小或者不存在。比如，产品使用阶段，流程制造业产品并不需要再消耗资源，其使用过程对应着被消费过程或者以之为原料的其他产品的制造过程。又如产品的回收处理阶段，有些产品不存在回收处理过程，如被消费的食品、药品等（过期的食品药品还是需要处理的）；有些产品的回收过程被包含在以之为原料的其他产品中，如钢铁的回收往往包含在各类机器设备的回收处理过程中；而确实需要进行回收处理的，其过程往往是资源化过程，少有再制造和直接重用的情形，故而产品回收处理阶段资源消耗和环境影响明确而相对较小。

离散制造业的产品种类繁多，新产品层出不穷，它们在生命周期各阶段的资源消耗和环境影响，并不像流程制造业产品是以生产制造阶段为主，而是呈现出多样化的特点。对于各类零部件产品，如齿轮、轴、箱体等，生产制造阶段的资源消耗和环境影响是主要的，但对于汽车、飞机、机床、家电等产品，它们使用阶段的资源消耗和环境影响则是主要的。此外，还有更复杂的多生命周期的产品，如进行再制造的机床，其资源消耗和环境影响还需要扩展到不同代产品中。

2）流程制造业的产品外观结构不复杂，其制造系统体系结构比较确定，而离散制造业产品及其制造系统体系结构一般具有复杂的分布式结构树特征，由此将导致两类制造业绿色制造模式的很大不同。

流程制造业的产品，尽管可能化学成分复杂，但产品外观结构并不复杂。为了满足批量、连续生产的需要，制造系统需要根据产品的生产工艺和产能来设计，甚至其中的设备大多都是专用设备；同时，设备与设备之间的配合关系也是根据物料流、生产节拍等明确固定下来的。这也使得流程制造企业的自动化程度普遍较高，一旦生产线开始运行，产品就源源不断地生产出来。因此流程制造业产品的制造系统体系结构是比较确定的。

离散制造业的很多产品是由若干部件和若干零件组合而成的；而部件又由下一层次的若干部件和若干零件组合而成；以此类推，最底层的部件仅由若干零件组合而成。离散制造业产品所涉及的制造系统也是如此，由各级零部件制造系统以及最终的装配系统组成，具有复杂的结构树特征。同时，即便是相同的零部件，有的产品制造企业为了确保产品交货期，常将它们安排给不同配套企业制造，而这些配套企业往往是跨区域分布的，这也是一种树状结构。可见，离散制造业产品及其制造系统一般具有复杂的分布式结构树特征体系结构。

这些特征导致两类制造业绿色制造模式的很大不同。

3）流程制造业的生产工艺比较确定，工艺过程的资源消耗动态变化一般不大，而离散制造业工艺过程资源消耗动态多变，导致绿色制造的资源消耗优化过程复杂。

流程制造企业的生产组织是围绕生产工艺过程展开的，尤其是生产线设备大多是专用设备，因此，拥有明确而成熟的产品生产工艺是流程制造企业建设生产线和组织生产的重要前提和依据，或者反过来说，已正常生产的流程制造企业的生产工艺是明确的。

流程制造业产品的资源消耗主要在制造阶段，制造阶段的资源消耗取决于产品生产工艺，而产品生产工艺过程的资源消耗主要是由生产设备及其运行状态决定的。由于流程制造企业的生产线是严格按照产品的生产工艺以及产能来设计的，因此生产设备、设备运行状态以及设备之间的配合状态都是被明确定义和相对固定的，这决定了产品在生产过程中的资源消耗不会存在明显的动态变化。

而离散制造业在产品制造过程的资源利用率却是动态多变的。以产品制造过程的能量消耗为例。产品制造包括所有零部件的制造，而制造过程的能耗既与设备有关，又与制造工艺相关。所有零件（部件也由零件组成）制造过程的能耗主体是设备，但所选用的设备种类、规格等不同，能耗也不同。例如：加工一个孔，采用铣床、钻床、车床都能加工，但能耗差别很大。又如，车削同一个工件，采用大车床和小车床加工，差别也很大；采用普通车床和数控车床，能耗也大不一样。再看制造工艺，制造工艺包括切削加工、压力加工、铸造、焊接、特种加工、热处理、涂装、装配与包装等。每类工艺还可以再分，如切削加工可以再分为车、铣、刨、钻、磨等常见工艺。不同的工艺类型具有不同的能耗规律和能量消耗，这将导致包含多个零部件的复杂产品制造过程的能耗非常复杂。例如，加工专用垫圈零件，一般常用车削和冲压两种工艺。由于后者制作模具的能耗较大，因此，在专用垫圈数量较小时，车削工艺能耗总量相比小得多；而当数量很大时，冲压工艺能耗总量相比小得多。

4）流程制造业每种产品制造过程的单台设备或单条生产线耗能很大，绿色制造需求明显，但设备数量相对不多。而离散制造业单台设备或单条生产线耗能不大，绿色制造需求看起来不明显，但设备数量很多，所以总能耗也很大；这些特征导致过去对离散制造业绿色制造重视不够，研究不够，相对落后。

由于流程制造企业的产品固定、批量大，且生产工艺成熟，故主要采用按库存、批量连续的生产方式，这就使得产品生产的单台设备或生产线具有较大的产能，且往往连续不间断地运行。因此，流程制造业制造系统单台设备或单条生产线耗能很大。比如，我国宝钢的一座大型高炉，容积达到 $4063m^3$，日产生铁超过 10 000t，炉渣超过 4000t，日耗焦 4000t 以上，与之配套的鼓风机、热风炉和除尘器等设备耗能也十分巨大。但由于流程制造业的生产和工艺特点，因此生产每种产品的设备数量相对不多。

离散制造业以中小批量生产为主，且生产过程不连续，因此单台设备或单条生产线耗能不大。但由于离散制造业量大面广，因此设备数量很多，总能耗也很大。以机床为例：我国是世界上最大的机床生产和消费市场，目前拥有量超过 700 万台；若每台机床额定功率平均为 10kW 算，则总功率约为 7000 万 kW，是三峡电站总装机容量 2240 万 kW 的 3 倍多。

由此可见，对流程制造业与离散制造业，都可从产品生命周期角度来分析其资源消耗和环境影响问题；但相比之下，离散制造业产品生命周期过程的资源消耗和环境影响特性及制造系统结构等更为复杂。此外，考虑到离散制造业绿色制造问题复杂、起步较晚但影响显著，本书将侧重于离散制造业的绿色制造，其中适用于离散制造的相关绿色制造理论、特性以及部分方法等，大多也适用于流程制造。

1.4 发展绿色制造的意义

发展绿色制造对建设生态文明和制造强国具有重要意义，这在《中国制造2025》《工业绿色发展规划（2016—2020年）》以及中国科学院发布的《中国可持续发展战略报告》《中国至2050年生态与环境科技发展路线图》等系列报告中已得到充分体现。

工业和信息化部（简称工信部）在《全面推行绿色制造 加快建设生态文明》的报告中很好地提炼了发展绿色制造的意义，下面在其基础上进一步阐述。

▶ 1. 绿色制造是破解制造业资源环境约束的不二选择

进入21世纪以来，我国工业化进程加快，工业整体素质明显改善，工业体系门类齐全、独立完整，国际地位显著提升，已成为名副其实的工业大国。在500多种主要的工业品当中，有220多种产品产量居全球第一位。

但我国工业发展没有完全摆脱高投入、高消耗、高排放的粗放模式，工业仍然是消耗资源能源和产生排放的主要领域，资源和环境制约问题日益突出。据初步核算，工业能耗、二氧化硫与氮氧化物排放量和非常规污染物（包括重金属污染物、持久性有机污染物以及持久性有毒污染物）均占全国2/3以上，特别是对人民群众危害严重的非常规污染物如持久性有机污染物、重金属等几乎都来源于工业领域。

绿色制造正是为了破解制造业的资源环境约束而提出的一种可持续制造模式。绿色制造是一种综合考虑环境影响和资源消耗的现代制造模式；其目标是使产品从设计、制造、包装、运输、使用到报废处理的整个生命周期，对环境的负面影响极小，资源利用率极高，并使企业经济、生态、社会效益协调优化。全面推行绿色制造，加快推进流程制造业以及离散制造业的资源节约和排放治理，实现流程以及离散制造业产品全生命周期的资源效率极高、环境负面影响极低，是破解制造业资源环境约束、最终实现制造业可持续发展的不二选择。

▶ 2. 绿色制造是建设生态文明的必由之路

生态文明是人类社会与自然界和谐共处、良性互动、持续发展的一种文明形态，是工业文明发展到一定阶段的产物，其实质是建设以资源环境承载能力为基础、以自然规律为准则、以可持续发展为目标的资源节约型和环境友好型社会，形成人与自然和谐发展的现代化建设新格局。党的十九大报告提出"加快生态文明体制改革，建设美丽中国"，要求推进绿色发展；加快建立绿色生产和消费的法律制度和政策导向，建立健全绿色低碳循环发展的经济体系；构建市场导向的绿色技术创新体系，发展绿色金融，壮大节能环保产业、清洁生产产业、清洁能源产业；推进能源生产和消费革命，构建清洁低碳、安全高效的能源体系；推进资源全面节约和循环利用，实施国家节水行动，降低能耗、物耗，实现生产系统和生活系统循环链接。

改革开放几十年以来，我国的工业文明发展成果丰硕，从工业文明迈向生态文明是社会发展的必然趋势。生态文明是工业文明发展的新阶段，是对工业文明的发展与超越。建设生态文明并不仅仅是简单意义上的污染控制和生态恢复，而是要克服传统工业文明的弊端，探索资源节约型、环境友好型的绿色发展道路。建设生态文明，必须全面推行绿色制造，不断缩小与世界领先绿色制造能力的差距，加快赶超国际先进绿色发展水平。全面推行绿色制造，加快构建起科技含量高、资源消耗低、环境污染少的产业结构和生产方式，实现生产方式"绿色化"，既能够有效缓解资源能源约束和生态环境压力，也能够促进绿色产业发展，增强节能环保等战略性新兴产业对国民经济和社会发展的支撑作用，推动加快迈向产业链中高端，实现绿色增长。

▶▶3. 绿色制造是建设制造强国的内在要求

工业是立国之本，是我国经济的根基所在，也是推动经济发展提质增效升级的主战场。工业要主动适应新常态，把绿色低碳转型、可持续发展作为建设制造强国的重要着力点，大幅提高制造业绿色化、低碳化水平，加快形成经济社会发展新的增长点。

全面推行绿色制造是参与国际竞争、提高竞争力的必然选择。2008年国际金融危机后，为刺激经济振兴、创造就会机会、解决环境问题，联合国环境规划署提出绿色经济发展议题，在2009年的二十国集团会议上被各国广泛采纳。各主要国家把绿色经济作为本国经济的未来，抢占未来全球经济竞争的制高点，加强战略规划和政策资金支持，绿色发展成为世界经济重要趋势。欧盟实施绿色工业发展计划，投资1050亿欧元支持欧盟地区的"绿色经济"；美国开始主动干预产业发展方向，再次确认制造业是美国经济的核心，瞄准高端制造业、信息技术、低碳经济，利用技术优势谋划新的发展模式。同时，一些国家为了维持竞争优势，不断设置和提高绿色壁垒，全球化面临新的挑战，绿色标准已经成为国际竞争的又一利器。

我国制造业总体上处于产业链中低端，产品资源能源消耗高，劳动力成本优势不断削弱，加之当前经济进入中高速增长阶段，下行压力较大，在全球"绿色经济"的变革中，要建设制造强国，统筹利用两种资源、两个市场，迫切需要加快制造业绿色发展，大力发展绿色生产力，更加迅速地增强绿色综合国力，提升绿色国际竞争力。这就要求我们形成节约资源、保护环境的产业结构、生产方式，改变传统的高投入、高消耗、高污染生产方式，建立投入低、消耗少、污染轻、产出高、效益好的资源节约型、环境友好型工业体系，这既是强国制造的基本特征，也是制造强国的本质要求。只有制造业实现了绿色发展，才能既为社会创造"金山银山"的物质财富，又保持自然环境的"绿水青山"，实现制造强国的梦想。

▶ 4. 发展绿色制造正当其时、势在必行

我国在工业化进程中一直高度重视资源节约和生态环境保护工作，坚持节约资源和保护环境的基本国策。党的十五大报告明确提出实施可持续发展战略。十六大以来，在科学发展观的指导下，党中央相继提出走新型工业化发展道路，发展低碳经济、循环经济，建立资源节约型、环境友好型社会，建设生态文明等新的发展理念和战略举措。十七大强调，到 2020 年要基本形成节约能源资源和保护生态环境的产业结构、增长方式和消费模式。十七届五中全会明确要求树立绿色、低碳发展理念，发展绿色经济。"十二五"规划中，"绿色发展"独立成篇，进一步彰显我国推进绿色发展的决心。十八大报告中首次单篇论述了"生态文明建设"，把可持续发展提升到绿色发展高度，第一次提出"推进绿色发展、循环发展、低碳发展"和"建设美丽中国"，这是对当今世界和当代中国发展大势的深刻把握和自觉认知，是执政理念的新发展。

2015 年，中共中央、国务院印发了《关于加快推进生态文明建设的意见》（简称《意见》），这是我国第一个以党中央、国务院名义对生态文明建设进行专题部署的文件，明确了生态文明的总体要求、目标愿景、重点任务和建立系统完整制度体系的方向性要求，是今后一个时期推动我国生态文明建设的纲领性文件。《意见》中首次将"绿色化"作为"新五化"（即"新型工业化、信息化、城镇化、农业现代化和绿色化"）之一，要求把绿色发展转化成为新的综合国力、综合影响力和国际竞争新优势，这是我国经济社会发展全方位绿色转型的最新概括和集中体现。同时，《中国制造 2025》将绿色制造工程列为五大工程之一，"十三五"规划明确提出了绿色发展理念，"一带一路"倡议也提出把"一带一路"建设成为绿色之路，《国家创新驱动发展战略纲要》提出发展智能绿色制造技术，推动制造业向价值链高端攀升。

在国家发展战略的支撑下，抓住发展机遇，全面推行绿色制造，正当其时、

势在必行。

▶▶ 5. 离散制造业发展绿色制造的特别意义

多年来，由于流程制造业资源消耗和环境影响巨大，尤其是我国目前几大高耗能、高污染行业基本都属于流程制造业，因此，目前与绿色制造相关的报告、政策、标准，以及绿色制造的实施工程等主要是针对流程制造业。而对量大面广的离散制造业重视程度还明显不够，导致其实施绿色制造的工作相对落后。但离散制造业发展绿色制造具有以下两个方面的特别意义。

一方面，离散制造业量大面广，资源消耗总量巨大而资源利用率（包括循环利用率）很低，对环境负面影响重大，实施绿色制造的效益巨大。

1）离散制造业生产过程单台设备能量消耗不大，但量大面广，生产过程能量消耗总量巨大且能量效率很低。以机械加工制造业为例，机床是其设备主体和耗能主体；我国机床保有量非常大，超过 700 万台，总功率约为三峡电站总装机容量的 3 倍多；但机床能量利用率普遍非常低，通常只有 30% 左右，其节能效益和潜在的环境效益巨大。

2）离散制造业存在大量的耗能产品，其使用阶段的能源消耗总量巨大而能源利用率普遍很低，能源效率提升潜力巨大。离散制造业中的耗能产品，比如汽车、家电产品等，在其使用阶段消耗的能源总量巨大。比如，汽车用汽柴油消费占全国消费总量比例已经达到 55% 左右，每年新增石油消费量的 70% 以上被新增汽车所消耗，给石油资源和环境保护带来了巨大压力。

3）离散制造业的产品量大面广、更新换代快，报废产品激增且回收处理及再制造难度很大，面临资源浪费和环境影响的巨大难题。先以机床为例，我国是世界上最大的机床生产和消费市场，但全国役龄 10 年以上的传统旧机床超过 60%，大量老旧机床依然在使用或将面临报废。而我国机床再制造的资源循环利用率可达 85% 以上，比制造新机床节能 80% 以上，不仅大大节约资源和能源，还可在实现节能、节材的基础上，减少重新生产带来的环境影响。但由于价格、消费观念等原因，目前我国机床再制造率仍然很低。再以汽车为例，自 2011 年开始，我国的报废汽车数量递增式增长；然而，与报废汽车的巨大规模形成鲜明对比的是报废汽车回收率比较低。面对即将到来的报废汽车数量急剧攀升的挑战，废弃汽车的绿色回收利用对于提升资源利用率和减轻环境负面影响意义重大。

另一方面，离散制造业资源消耗规律复杂，绿色制造实施难度大，迫切需要加强研究、开发和应用。

1）离散制造业的产品在产品生命周期各阶段的资源消耗具有多样化和动态

多变的特点。离散制造业的产品种类多，新产品层出不穷，有些产品在生产制造阶段的资源消耗占主体，如各类零部件产品，如齿轮、轴、箱体等；有些产品在使用阶段的资源消耗很大，如汽车、飞机、机床、家电等产品；还有些多生命周期的产品，如进行再制造的机床，其资源消耗还需要扩展到不同代产品中。而且离散制造业产品在生命周期阶段内的资源利用率是动态多变的。比如在制造阶段，加工某零件的一个平面，可以采用车、铣、刨、磨等不同工艺，各种工艺的资源消耗和消耗特性不同；即使是相同的工艺，但机床的类型（如普通铣床与数控铣床）和规格型号不同，资源消耗也会不同。

2）离散制造业绿色制造支撑技术实施困难。以产品生命周期建模为例，与流程制造业固定的产品生命周期模型不同的是，离散制造业产品及其制造系统具有复杂的分布式结构树特征，造成设计制造阶段建模难；产品使用阶段往往存在多种多样的耗能情况，使用阶段建模难。此外，离散制造业的产品更新迭代快，结构变化多样。这些都对离散制造业产品生命周期绿色制造模型的建立和持续使用提出了更高的要求。同时，这些因素也增加了离散制造产品生命周期评价（比如制造阶段的产品能耗限额）、生命周期基础数据采集与分析等绿色制造支撑技术的实施难度。

3）离散制造业面向生命周期的绿色产品设计困难。离散制造业产品生命周期各阶段交叉影响关系复杂。产品制造阶段的资源消耗、使用阶段的耗能水平以及报废后的资源回收情况，很大程度上取决于产品设计。因此出现了"面向制造的设计""面向服役的设计"以及"面向拆卸与回收的设计"等概念。但由于各个环节的交叉影响关系过于复杂，导致离散制造业面向生命周期的绿色产品设计非常困难。

4）离散制造业产品回收处理难度高。离散制造业产品，特别是机电产品，往往结构复杂，由多个零部件组成；这些产品往往分散在全球各地，产品报废时间、报废部件以及报废程度不一致，这对产品回收过程中的逆向物流提出了更高的要求；同时，产品更新迭代快，许多零部件难以实现多生命周期，这又对离散制造产品的设计和再制造提出了更高的要求。

综上所述，推行绿色制造，是破解制造业资源环境约束的不二选择，是建设生态文明的必由之路，也是建设制造强国的内在要求；在国家发展战略和国际发展形势的推动下，全面推行绿色制造正当其时、势在必行。考虑到离散制造业资源消耗总量巨大，资源利用率很低，资源消耗规律复杂，绿色制造实施难度大以及过去重视不够等一系列因素，导致其实施绿色制造的工作相对于流程制造业有较大差距，因此，加强离散制造业绿色制造的研究和实施，具有其特别意义。

参 考 文 献

［1］ MELNGK S A, SMITH R T. Green manufacturing ［M］. Dearborn：Press of Society of Manu-facturing Engineers, 1996.

［2］ 刘飞. 绿色制造 ［C］//全国先进生产模式与制造哲理研讨会论文集. 北京：中国机械工程学会生产工程分会. 1997：15-24.

［3］ STARK R, BONVOISIN J. Sustainable manufacturing, challenges, solutions and implementa-tion perspectives ［M］. London：Springer, 2017.

［4］ GARETTI M, TAISCH M. Sustainable manufacturing：trends and research challenges ［J］. Production Planning & Control, 2012, 23 (2-3)：22.

［5］ United Nations. Sustainable Development Goals ［EB/OL］. ［2020-04-30］. https：//des. un. org/goals.

［6］ DORNFELD D A. Green manufacturing ［M］. New York：Springer, 2013.

［7］ 刘飞, 曹华军, 张华, 等. 绿色制造的理论与技术 ［M］. 北京：科学出版社, 2005.

［8］ 袁增伟, 毕军. 产业生态学最新研究进展及趋势展望 ［J］. 生态学报, 2006, 26 (8)：2709-2715.

［9］ 孙晓燕, 杨中兵, 孙婉璐. 我国绿色经济发展研究 ［J］. 现代管理科学, 2018 (9)：22-24.

［10］ 成思危. 中国绿色经济发展方向：低碳经济 循环经济 生态经济 ［J］. 资源节约与环保, 2014 (2)：2.

［11］ 中华人民共和国国家统计局. 能源消费总量和构成 ［EB/OL］. ［2020-02-18］. http：//www. stats. gov. cn/tjsj/ndsj/2020/indexch. htm.

［12］ 国合会委员专栏-贺克斌院士：钢铁行业是我国大气污染的重要来源, 仍有较大减排空间 ［EB/OL］. ［2020- 02-18］. http：//www. tanpaifang. com/ditanhuanbao/2019/0508/63882_2. html.

［13］ 刘飞, 王秋莲, 刘高君. 机械加工系统能量效率研究的内容体系及发展趋势 ［J］. 机械工程学报, 2013, 49 (19)：87-94.

［14］ 国家制造强国建设战略咨询委员会, 中国工程院战略咨询中心. 绿色制造 ［M］. 北京：电子工业出版社, 2016.

［15］ 刘飞, 刘培基, 李聪波, 等. 制造系统能量效率研究的现状及难点问题 ［J］. 机械工程学报, 2017, 53 (5)：1-11.

［16］ 刘飞, 陈晓慧, 张华. 绿色制造 ［M］. 北京：中国经济出版社, 1999.

第 2 章

———

绿色制造的理论与技术总论

2.1 绿色制造的理论体系总论

目前，绿色制造的理论体系尚在研究和发展中。本书作者根据多年来的研究，并参考国内外相关研究成果，建立了绿色制造的初步理论体系及其框架。其主要内容包括三个方面的基础理论和六个方面的主要特性。

2.1.1 绿色制造的基础理论

1. 绿色制造的 "三度" 理论

绿色制造的"三度"理论主要参考了可持续发展战略中的"三度"理论。如图 2-1 所示，可持续发展战略的"三度"为发展度、持续度和协调度，而绿色制造的"三度"是制造度、绿色度和协调度。绿色制造的"三度"是可持续发展理念在制造业的深入发展和具体体现。

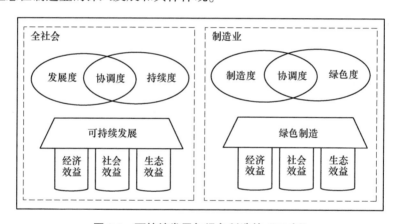

图 2-1　可持续发展与绿色制造的 "三度"

（1）制造度　制造有"小制造"和"大制造"之分。"小制造"一般理解为产品生命周期中的生产制造环节，而"大制造"涉及产品全生命周期的各个环节。从大制造的角度来看，制造度就是对产品生命周期全过程的时间、质量、成本和服务四个目标维度的优劣程度的综合描述；从小制造的角度来看，制造度就是对生产制造过程的生产率、生产质量、生产成本以及生产服务优劣程度的综合描述。显然，生产率越高、输出产品越多、生产质量以及生产服务越好和生产成本越低，企业取得的经济效益也越大。因此"制造度"的概念也是对企业经济效益和影响经济效益的各种要素的综合描述。

（2）绿色度　为了量化制造活动对环境的影响程度，我们引入"绿色度"

的概念，即绿色的程度或对环境的友好程度，因此，"绿色度"反映了生态效益，即绿色度越大则负面环境影响越小，反之则越大。相应地，绿色度也具有绝对和相对两层含义。在绝对绿色度中，负面环境影响对应的绿色度为负值，正面环境影响对应的绿色度为正值，因此在实际情况中，绝对绿色度往往是负的。在相对绿色度中，可以取相应标准的最低要求作为零值。需要指出的是，这里的环境影响是一个广义的环境影响，包括资源消耗和一般意义上的环境影响（对人体健康和生态环境的影响）。

（3）协调度　本书借鉴可持续发展战略中的"协调度"的概念，提出绿色制造的"协调度"。绿色制造的"协调度"，其内涵在于强调制造度与绿色度的协调关系，强调经济效益、社会效益和生态效益的协调。

综上所述，绿色制造的"三度"理论表明：绿色制造的根本问题在于制造业带来的资源消耗和环境负面影响问题；绿色制造的根本目标在于协调和优化"制造度"和"绿色度"，实现经济效益、社会效益和生态效益的协调优化。

▶▶ 2. 绿色制造的资源主线理论

绿色制造定义中所述的资源，可分为狭义资源和广义资源两种：狭义资源，也叫物能资源，由物料、能源、水、设备、其他支持设施（如厂房、土地）等资源组成；而广义资源还包括资金、技术、信息、人力等资源。本书所涉及的资源主要是指物能资源，重点是物料和能源。

目前，制造业面临着资源消耗和环境负面影响两大问题，本书简称资源环境问题。其中，资源消耗问题，不仅仅涉及有限资源如何可持续利用问题，它还是产生环境负面影响问题的主要根源。

资源主线理论认为资源消耗优化与效率提升是解决制造业资源环境问题的根本途径。它包含以下三个方面的内涵：

1）资源消耗是制造业资源环境问题的主要根源。制造业在将制造资源转变为产品的制造过程中以及在产品的使用和报废处理过程中，消耗了大量资源，同时产生了大量的废弃物和排放（如废液、废气和固体废弃物等），这是产生制造业资源环境问题的主要根源。

2）优化资源消耗过程是降低资源消耗和解决资源环境问题的重要途径之一。其中，优化制造资源消耗过程包括使用绿色制造资源（比如无污染易降解材料、清洁能源等）和减少制造废弃物两个方面。

3）促进资源循环流动是降低资源消耗、解决资源环境问题的另一条重要途径。制造业将大量的资源转换成产品，如果产品报废后不能降解或不能加以利用，则会造成资源短缺、环境污染等一系列问题。回收废旧产品，促进资源循环流动是解决这些问题的关键。

综上所述，资源主线理论表明：资源消耗优化与效率提升是解决制造业资源环境问题的根本途径，即优化制造资源消耗过程，促进资源循环流动，使得资源效率极高、废弃资源极少（目标为零）。

▶▶ **3. 绿色制造的产品生命周期理论**

产品生命周期是指产品从设计、制造、包装、运输、使用到报废处理等所经历的全部过程，相当于一个生命体从孕育（设计）、诞生（制造）、生存（运维）……到生命终结及处理（报废处理）的生命周期全过程。绿色制造的产品生命周期理论包含以下三个方面的内涵：

1）绿色制造产品生命周期的设计、生产制造、包装、运输、使用到报废处理等全部过程是相互关联、相互作用的一个有机整体。

2）产品生命周期涉及产品设计过程、生产制造过程、运输过程、使用过程以及回收再制造过程，对应着相应的制造系统或运行支持系统。每个过程和系统都需要消耗资源，都需要进行资源消耗与效率优化以及降低环境负面影响。

3）有的产品或其有关零部件存在多生命周期过程。多生命周期不仅包括本代产品生命周期的全部过程，而且还包括产品老化或报废后，产品或其有关零部件再制造后循环使用和循环利用等过程。产品多生命周期工程理论是指从产品多生命周期的时间范围来综合考虑环境影响与资源综合利用问题和产品寿命问题的有关理论和工程技术的总称，其目标是在产品多生命周期时间范围内，延长产品使用时间，提高资源综合利用率，并降低对环境的负面影响。

综上所述，绿色制造的产品生命周期理论表明：绿色制造的根本路线在于从产品全生命周期的系统角度出发，优化产品生命周期全过程（包括部分产品的多生命周期过程）的资源消耗与效率，降低环境负面影响。

▶▶ **2.1.2　绿色制造的主要特性**

在绿色制造的"三度"理论、资源主线理论和产品生命周期理论基础之上，绿色制造还具有物料流闭环特性、能量效率特性、大制造系统特性、多目标决策属性、集成特性、大数据特性等多方面的特性。

▶▶ **1. 绿色制造的物料流闭环特性**

物料资源贯穿产品全生命周期。传统制造的物料流是一个开环系统，即物料流的终端是产品使用到报废为止，如图2-2所示的实线箭头部分。

绿色制造的资源主线理论和产品生命周期理论决定了绿色制造的物料流是一个闭环系统。物料流闭环系统由开环物料流和逆向物料流（如图2-2所示的虚

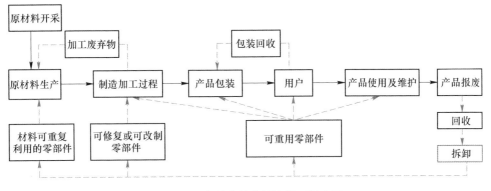

图 2-2 绿色制造的物料流闭环示意图

线箭头部分）共同形成。在此过程中，又可能形成若干小闭环系统，如图 2-2 中产品包装的回收以及加工废弃物的回收等，形成了一个个物料流闭环小系统。

▷▷ 2. 绿色制造的能量效率特性

能量是制造资源中必不可少的组成部分，而能量消耗贯穿于产品全生命周期的全过程；因此，绿色制造具有全生命周期的能量消耗与能量效率特性，可从以下三个方面来反映：

（1）制造装备能量效率特性 制造装备是企业的能量消耗主体，在完成各式各样产品的加工过程中，都伴随着复杂的能量消耗和能量效率特性。来自制造系统外部的能量（如电能），流向制造系统的各有关环节或子系统，一部分用以维持各环节或子系统的运转，另一部分通过传递、损耗、储存、释放、转化等有关过程，来完成制造过程的有关功能。

（2）产品制造过程的能量效率特性 从产品生命周期的角度来看，产品制造过程的能量消耗一般比较大。产品制造过程的能量消耗受产品的设计方案、工艺种类和工艺路线的选择等因素影响，具有非常复杂的能量效率特性。

（3）产品运行过程的能量效率特性 产品运行过程的能量效率特性，决定了产品使用阶段的耗能水平。优化该能量效率特性，可为用户带来显著的效益。比如开发燃油效率高的飞机或汽车，可降低客户的使用成本，并减少环境排放，更受市场欢迎。

▷▷ 3. 绿色制造的大制造系统特性

绿色制造的大制造系统特性是指需要从产品生命周期全过程所涉及的大制造系统角度来综合考虑和解决制造业的资源环境问题。

制造系统是制造过程及其所涉及的硬件、软件和人员所组成的一个将制造资源转变为产品或半成品的输入/输出系统。产品生命周期各阶段所对应的制造系统或运行支持系统，均是消耗资源的输入/输出系统，都符合制造系统的定义，因此它们组成了一个涉及面更大的产品生命周期大制造系统。

绿色制造要求产品报废后进行回收拆卸处理。其中，对于可修复或改制的零部件，需要进行零部件再制造；对于材料可再用的零部件，需要进行材料回收再利用。这些过程均需要制造系统来支撑。

此外，现代产品的生产模式往往是多个跨领域、跨区域的企业所参与的供应链协作模式。只有从更大的制造系统范围内考虑和解决制造业的资源消耗和环境负面影响问题，才能真正实现绿色制造。

因此，绿色制造具有显著的大制造系统特性。

▶ 4. 绿色制造的多目标决策属性

制造中的决策属性主要体现在制造决策过程中需要考虑各种因素，追求的目标之间不完全一致甚至有冲突。传统的制造系统决策属性包括对市场的响应能力（时间）T、产品质量 Q 以及成本 C 三个方面，后来又增加了服务 S 这个属性。

绿色制造的"三度"理论决定了绿色制造的多目标决策属性。绿色制造旨在实现产品生命周期全过程的资源利用率 R 极高、环境负面影响 E 极小，并最终实现企业经济效益、社会效益以及生态效益的协调优化。因此，绿色制造的决策目标包括响应能力（时间）T、质量 Q、成本 C、服务 S、资源利用率 R 和环境负面影响 E 六个方面，其决策属性框架如图 2-3 所示。

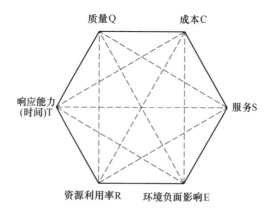

图 2-3　绿色制造的多目标决策属性框架

▶ 5. 绿色制造的集成特性

绿色制造是一个复杂的系统工程，具有以下六方面的集成特性：

（1）绿色制造的领域集成　从绿色制造的提出和定义可知，绿色制造涉及的问题领域包括产品生命周期全过程的制造领域、资源领域以及环境领域。实际上，绿色制造就是这三大领域内容的交叉和集成。

（2）绿色制造的目标集成　绿色制造的多目标决策属性表明，绿色制造是质量、成本、时间、服务、资源和环境六个方面的目标集成。

（3）绿色制造的效益集成　绿色制造的"三度"理论表明，实施绿色制造的效益是经济、社会和生态三方面的效益集成。

（4）绿色制造的过程集成　绿色制造的生命周期理论表明，绿色制造涉及的过程，是覆盖了产品生命周期以及多生命周期每个过程的集成。要注意，过程集成即要求集成产品绿色设计过程、绿色生产制造过程、绿色运输过程、绿色使用过程以及绿色回收再制造过程所对应的制造系统或运行支持系统，形成面向产品生命周期的绿色集成制造系统。

（5）绿色制造的技术集成　绿色制造的实施，需要建立面向产品生命周期的绿色设计技术、绿色生产技术、绿色运维技术、绿色回收与再制造技术、绿色供应链管理技术、产品生命周期管理技术等系列技术。这些技术并不是孤立的，只有这些技术相互配合和集成，才能有效解决绿色制造问题。

（6）绿色制造的社会化集成　一方面，全社会需要达成绿色共识，要认识到绿色制造问题只有"进行时"，没有"完成时"，只有全社会的持续参与才能逐步解决。另一方面，绿色制造的研究和实施需要全社会的共同参与和协作，以建立绿色制造所必需的社会支撑系统。例如废旧电池分布非常广泛，其绿色回收处理需要电池制造方、消费者、回收方、再制造方等多方共同协作才能成功。因此，绿色制造需要集成全社会持续不断的力量才能实现。

⧆ 6. 绿色制造的大数据特性

绿色制造的大数据特性是指绿色制造需要对产品生命周期大数据以及绿色制造支撑大数据进行管理和分析，以支持产品生命周期的绿色优化决策，如图 2-4 所示。

一方面，产品生命周期时间跨度大、资源消耗环节多，其中包含非常复杂的信息流和海量数据。如何收集、管理和分析产品生命周期的大数据，是产品生命周期评价和优化的基础。另一方面，绿色制造的实施，特别是绿色设计和绿色工艺规划，离不开复杂数据库和知识库的支持，特别是离不开绿色设计数据、绿色材料数据、绿色工艺数据、绿色运维数据等绿色制造大数据的支持。

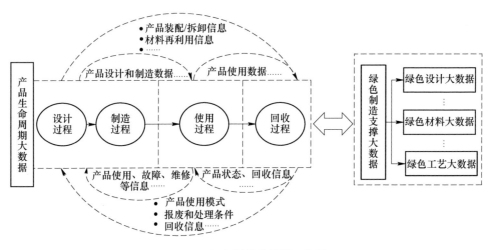

图 2-4　绿色制造大数据示意图

▷ 2.1.3　绿色制造的理论体系框架

综上所述，可建立如图 2-5 所示的绿色制造的理论体系框架。

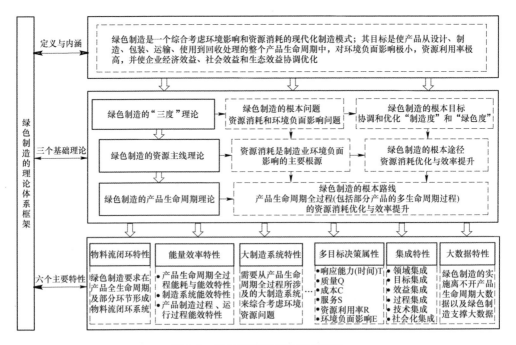

图 2-5　绿色制造的理论体系框架

一方面，绿色制造的"三度"理论、资源主线理论以及产品生命周期理论三个基础理论相互关联，指出了绿色制造的根本问题、根本目标、根本途径以及根本路线。

另一方面，三个基础理论贯穿绿色制造的物料流闭环特性、能量效率特性、大制造系统特性、多目标决策属性、集成特性、大数据特性六个方面的主要特性，并最终形成一个相互关联、相互作用的有机整体。

由于绿色制造尚处于研究和发展中，还可能存在其他绿色制造特性尚未发掘，因此在图中以省略号进行表达。

2.2 绿色制造的技术体系总论

基于上述绿色制造的理论体系，本节通过分析绿色制造技术的 6R 原则，提出了绿色制造的三条技术主线，并初步建立了由绿色设计技术、绿色生产技术、绿色运维技术、绿色回收处理与再制造技术、绿色供应链管理技术以及产品生命周期管理技术组成的绿色制造技术体系。

▷▷2.2.1 绿色制造技术的 6R 原则

绿色制造技术是解决制造业资源消耗和环境负面影响的关键。绿色制造的基础理论和主要特性要求绿色制造技术应遵循以下六个方面的原则（简称 6R 原则，图 2-6）：

1）减量化（Reduce）要求在产品生命周期中减少资源消耗，特别强调在产品设计阶段面向产品生命周期设计绿色产品，实现从源头上降低产品生命周期全过程的资源消耗。

2）再利用（Reuse）要求产品回收后，或直接再利用，或经修复、翻新、再制造后再使用，或将产品（或其零部件）作为其他产品（或零部件）予以使用。

3）再生循环（Recycle）旨在将废弃物直接作为原料进行利用或者对废弃物进行再生利用。

4）再恢复（Recover）旨在通过修复或再制造，使得产品及其零部件的功能得到恢复。

5）再设计（Redesign）以优化重用原有退役设备及零部件资源为目标，对退役设备及零部件的功能、结构、外观等进行再设计。有时候，再设计也是指产品的二次优化设计。

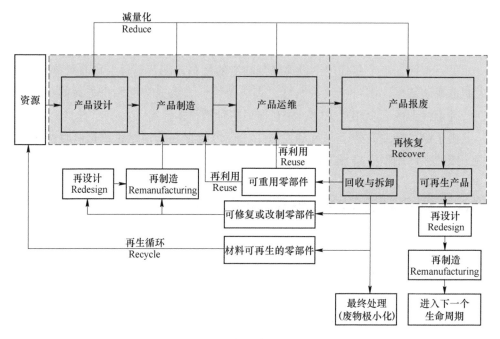

图 2-6　绿色制造的 6R 原则

6）再制造（Remanufacturing）将废旧产品及零部件作为制造资源，进行评价和再加工制造，使得废旧产品的功能和质量得到恢复，甚至超过新品，从而提升资源循环利用率，降低环境负面影响。

总的来讲，绿色制造技术旨在在产品生命周期过程中实现制造资源的减量化、再利用和再生循环；在此基础之上，力求实现报废产品再恢复、再设计和再制造。

2.2.2　绿色制造的三条技术主线

在绿色制造基础理论和主要特性的指导下，绿色制造呈现以下三条技术主线（图 2-7）：

1）产品生命周期主线。绿色制造的产品生命周期理论要求从产品全生命周期的系统角度出发，通过多种技术优化产品生命周期全过程（包括部分产品的多生命周期过程）的资源消耗与效率以及降低环境负面影响。基于此，形成了绿色制造技术的产品生命周期主线，即包括以产品生命周期中的各个阶段为优化对象的产品绿色设计技术、产品工艺绿色规划技术、产品绿色包装技术、产品绿色运维技术、产品绿色供应链管理技术以及产品绿色回收与再制造技术。

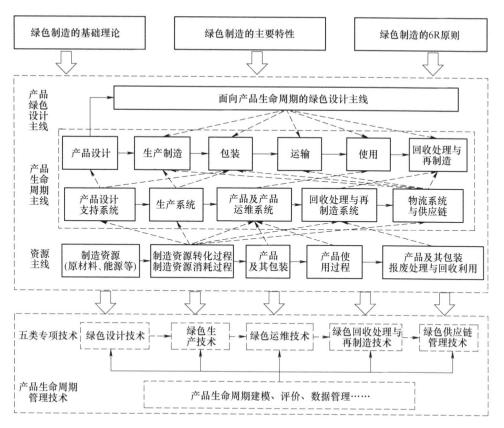

图 2-7 绿色制造的三条技术主线与技术框架

2）资源主线。绿色制造的资源主线理论要求优化制造资源消耗过程并促进资源循环流动，使得资源效率极高、废弃资源极少（目标为零）。基于此，形成了绿色制造技术的资源主线，即构建面向制造资源的转化与消耗过程、已加工制造资源（即产品及其包装）的流动、产品的资源消耗过程以及产品及其包装的回收处理过程的绿色制造技术。

3）面向产品生命周期的产品设计主线，即产品绿色设计主线。产品绿色设计主线旨在在产品设计阶段实现资源消耗与效率以及环境负面影响的源头控制，这要求着重考虑面向生产、运行与维护、供应链、回收处理与再制造的集成化绿色设计。

基于这三条技术主线，可提出一个由绿色设计、绿色生产、绿色运维、绿色回收处理与再制造以及绿色供应链管理五类专项技术和多项产品生命周期管理技术组成的绿色制造技术体系。

由于包装也可视为一种特殊产品，产品涉及的绿色制造技术已经包含了绿色包装技术，因此，本书在建立绿色制造技术体系时不将绿色包装技术单独列出。

2.2.3 绿色设计技术

产品设计环节在很大程度上决定了产品制造过程、运输过程、使用过程的资源消耗以及是否可用于回收再制造。绿色制造要求在产品设计阶段便面向产品生命周期全过程，将减少环境影响和降低资源消耗的措施纳入设计之中，力求使产品对环境的负面影响极小，资源利用率极高。

绿色设计主要包括产品结构绿色设计、产品包装绿色设计以及材料的绿色选择等内容以及面向产品生命周期的设计、面向产品使用阶段的设计、面向拆卸和回收的设计等方法。

通过梳理和总结现有的绿色设计技术，图2-8给出了一种由九项功能技术和三项支撑技术组成的绿色设计技术体系。这些技术将融入产品结构优化、功能优化、材料优化以及包装优化等过程，最终形成绿色产品。

下面对上述体系中面向产品生命周期的绿色设计、绿色包装设计、并行式绿色设计等进行简要介绍。

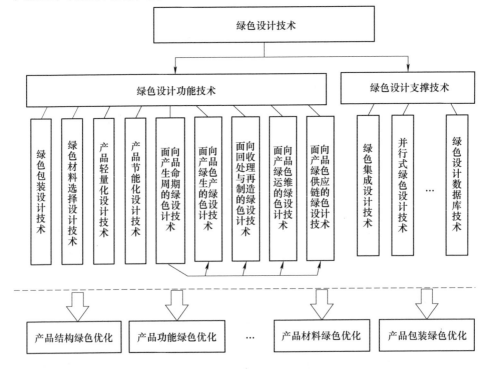

图2-8 绿色设计技术体系

（1）面向产品生命周期的绿色设计　面向产品生命周期的绿色设计旨在在产品设计阶段控制产品制造、使用、维护维修、报废处理等阶段的资源消耗和环境负面影响。它常表示为 DFX（Design For X，其中，X 是指产品生命周期或其中某一环节，如装配、加工、使用、维修、回收、报废等）。以面向拆卸和回收的设计技术为例。拆卸与回收是产品生命周期中的重要环节。面向拆卸和回收的设计要求在产品设计的初期将可拆卸性和可回收性作为结构设计的一个目标，使产品的连接结构易于拆卸，制造工艺性好，维护方便，并在产品废弃后能够充分有效地回收利用。面向拆卸和回收的设计与其他 DFX 设计方法（如面向制造和装配的设计、面向使用和维护的设计等）一样，其根本目的是节约资源、保护环境、降低成本。

（2）绿色包装设计技术　由于包装带来了大量的包装资源消耗和环境负面影响，设计对生态环境和人类健康无害、能重复使用和再生、符合可持续发展的包装（即设计绿色包装），至关重要。减量化（reduce）、易于再利用（reuse）、易于再生循环（recycle）以及可以降解腐化（degradable），是当前发展绿色包装技术的 3R1D 原则。

（3）并行式绿色设计技术　并行式绿色设计技术是一套以集成的、并行的方式设计产品及其相关过程的系统方法，力求使产品开发人员在设计一开始就考虑到产品全生命周期中从概念形成到产品报废处理的所有因素等。一方面，产品绿色设计的目标除了一般产品设计的要求外，还要求资源利用率尽可能高，环境污染尽可能小，并且这些要求贯穿在产品全生命周期中。另一方面，产品绿色设计比一般产品设计涉及的问题更多，问题复杂程度也更高，需要各方面技术专家的协同合作。因此，产品绿色设计对并行式绿色设计技术有着迫切的需求。

2.2.4　绿色生产技术

绿色生产常称为清洁生产，是指不断采取改进设计、使用清洁的能源和原料、采用先进的工艺技术与设备、改善管理、综合利用等措施，提高资源利用效率，减少或者避免生产过程中污染物的产生和排放，以减轻或者消除对人类健康和环境的危害。

过去很长一段时间，绿色生产技术主要集中在排放控制治理技术（比如废水废气处理），并取得了突出成就；近年来的绿色生产技术，逐步由排放控制治理转为预防。本书中的绿色生产技术，主要聚焦于生产过程资源效率提升技术和污染源头控制技术。

通过梳理和总结现有的绿色生产技术，图 2-9 从三个角度给出了一种绿色生产技术体系。事实上，各个绿色生产技术之间是没有明确的界限的。图 2-9 只是提供了一种分类方法，而各绿色生产技术的目标即为实现制造过程资源的减量化、再利用和再生循环。

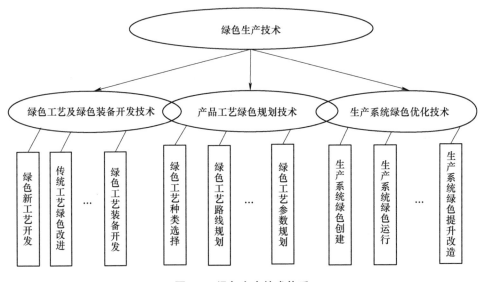

图 2-9　绿色生产技术体系

（1）绿色工艺及绿色装备开发技术　绿色工艺及绿色装备开发技术包括绿色新工艺开发、传统工艺绿色改进以及绿色工艺装备开发等方面。其中，绿色新工艺技术可分为节能型工艺、节材型工艺、少无固体废弃物工艺、少无液体废弃物工艺、少无气体废弃物工艺等类别；传统工艺的绿色改进可以从节约能源、节约原材料、降低噪声、减少排放等方面入手；绿色工艺装备开发技术可视为绿色设计技术的一部分，工艺装备作为装备制造业的产品，其绿色设计开发技术对于解决装备生命周期绿色制造问题至关重要。

（2）产品工艺绿色规划技术　产品工艺绿色规划技术主要包括绿色工艺种类选择、绿色工艺路线规划以及绿色工艺参数规划等多个方面。产品工艺绿色规划技术与生产系统绿色运行技术密不可分。

（3）生产系统绿色优化技术　生产系统绿色优化技术主要从制造系统的角度来分析和优化，包括生产系统的绿色创建、绿色运行以及绿色提升改造等多个方面。其中，生产系统绿色创建包括设计和组建高能效、高功效、低物耗、低排放的生产系统。生产系统绿色运行技术包括加工任务绿色调度、制造资源绿色选择以及上述产品工艺绿色规划技术等，旨在实现生产系统的高能效、高功效、低物耗、低排放运行。生产系统绿色提升改造主要是对资源效率低、环境影响大的老旧生产系统进行升级和改造。

此外，加强生产企业管理人员和生产人员的绿色意识教育，改变以前仅抓成本、抓质量、抓效率的观念，在加工过程中规范操作，对于保证绿色生产技术的实施效果，避免一些不必要的资源浪费和环境污染也是十分必要的。

2.2.5　绿色运维技术

产品运维过程包括产品的运行（或使用）、维护和维修等过程。产品运维技术不仅影响着产品生产规模和成本，也影响着用户健康与安全以及环境。直到最近几年，产品运维过程的环境影响才受到学术界和工业界的较普遍关注，许多企业纷纷提出主动运维策略以寻求经济、环境和社会三个维度的效益平衡。

一方面，从产品生命周期的角度来看，有效的维修维护可以延长产品寿命。因此，产品运维本身具备绿色特征，属于绿色制造技术的重要组成部分。同时，绿色运维进一步要求提高运维过程的绿色度，即提高资源利用率、减少运维废弃物和降低环境负面影响（例如使用可生物降解的润滑剂和清洁剂）。

另一方面，产品运行的实际工况复杂多变，往往不同于设计工况，因此，产品运行不合理有可能造成较大的资源浪费和环境影响。产品绿色运行技术就是在产品运行过程中，通过采用科学合理的技术和策略，使得产品在满足功能需要或生产需要的同时，尽量减少对资源的消耗，降低对环境的影响。

绿色运维技术需要通过制定合理的维护策略，或运用先进的维护技术，如预测性维护技术，充分利用产品的使用残值，以达到灵活安排维护工作、降低维护成本和提高产品综合效率的目的。为此，图2-10给出了产品绿色运维技术体系。其中，绿色运行技术包括运行工况分析技术、高能效运行技术、低排放运行技术、低物耗运行技术等；绿色维修维护技术包括运行状态在线诊断技术、故障预警技术、耗材更换决策优化技术、备件优化调度技术、预测性维护技术以及远程维修维护技术等。除此之外，还包括产品运行状态监测、运维知识库、运维数据库、运维专家库等多项支持技术。

2.2.6　绿色回收处理与再制造技术

产品报废后即进入了生命周期末端，其回收处理可分为产品回收、零部件回收、材料回收三个主要类别，也可详细分解成产品层、部件层、零件层、材料层和能量层五个回收处理层次。其中，产品层回收是指产品被不断地维护和升级，得以反复使用或直接作为废旧产品卖给他人使用；从环境保护和节约资源的角度来看，产品在这个层次上的回收是级别最高的。零部件层回收是产品经过拆解之后将可以重新使用的部分进行翻新和检测，用作同类产品的再制造或作为配件进入零配件市场。那些无法重用的零部件或产品将作为材料回收，通过材料分离和分解而形成回收材料；一部分材料被焚烧，进行能量回收，其余的残渣将被填埋。

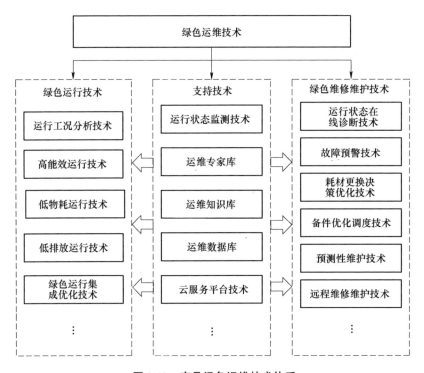

图 2-10　产品绿色运维技术体系

由此可见，物能资源的流动有两个主要的方向：一个方向是沿着生产制造过程，物能资源从自然界被开采、加工、最后变成产品；另一个方向是沿着回收的过程，物能资源从产品变成零部件、材料，最后被分解。此外，物能资源也通过产品、零部件和材料的反复重用而不断地得到循环利用。

通过总结现有研究，可以发现绿色回收处理技术一般可分为废旧产品可回收性分析与评价技术、废旧产品绿色拆卸技术、废旧产品绿色清洗技术、废旧产品材料绿色分离/回收技术、逆向物流技术等，如图 2-11 所示。由于习惯性地将逆向物流技术作为绿色供应链管理技术的一部分，因此，本书将其放在绿色供应链部分进行介绍。

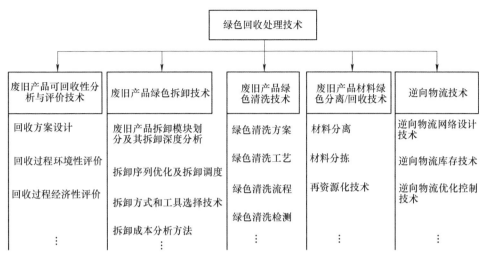

图 2-11 产品生命周期末端的绿色回收处理技术体系

对绿色再制造而言，总结现有研究，可建立如图 2-12 所示的绿色再制造技术体系，其中主要包括再制造系统设计技术、再制造先进工艺技术、再制造质量控制技术和再制造生产计划与控制技术等。

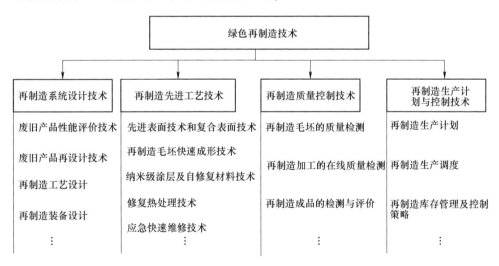

图 2-12 产品生命周期末端的绿色再制造技术体系

▶ 2.2.7 绿色供应链管理技术

供应链是指围绕核心企业，将所涉及的原材料供应商、制造商、分销商、零售商直到最终用户等成员通过上游和/或下游成员链接所形成的网链结构。绿色供应链是将绿色制造理念和要求融入供应链各个环节，形成经济效益、社会效益和生态效益相协调的上下游供应关系。

与针对产品生命周期某个具体环节的绿色设计、绿色生产、绿色运维以及绿色回收处理与再制造相比，绿色供应链更强调对产品全生命周期的"大制造系统"进行管理，更具有系统性和集成性（图2-13）。

因此，在绿色设计、绿色生产、绿色运维以及绿色回收处理与再制造的综合支持下，绿色供应链旨在解决采购环节、营销环节、物流环节（包括正向物流和逆向物流，如图2-13所示）以及供应链协同所涉及的绿色制造问题。

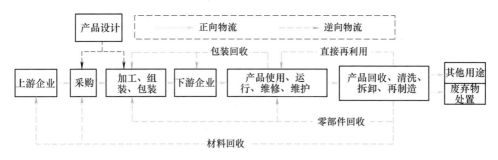

图2-13 面向产品生命周期的正向物流与逆向物流

总结现有研究，可以建立绿色供应链管理技术体系，如图2-14所示。其中，在采购环节，主要涉及供应商的评价与选择。绿色供应链要求企业能够充分考虑生态效益，优先采购环境友好、节能低耗和易于资源综合利用的原材料、产品和服务，兼顾经济效益和生态效益；同时，不断完善采购标准和制度，与上下游企业共同践行环境保护、节能减排等社会责任。在营销环节，主要涉及绿色产品定价与溢价策略、产品销售网络优化、绿色产品传播营销策略等方面。在物流环节，绿色供应链要求企业利用先进技术和管理手段，降低产品运输、仓储、装卸搬运、流通加工、配送、包装等物流活动过程的资源消耗和环境负面影响。其核心内容包括物流网络设计与优化、绿色仓储管理、绿色包装与回收、绿色流通加工管理等方面。在供应链协同方面，绿色供应链要求供应链企业能够实现风险分担、成本控制、收益分配协同，其中涉及决策机制、合作机制、约束机制等多个方面。

2.2.8　产品生命周期管理技术

绿色制造是一项复杂的系统工程。除了绿色设计、绿色生产、绿色运维、绿色回收处理与再制造、绿色供应链管理五类专项技术之外，还涉及一系列支

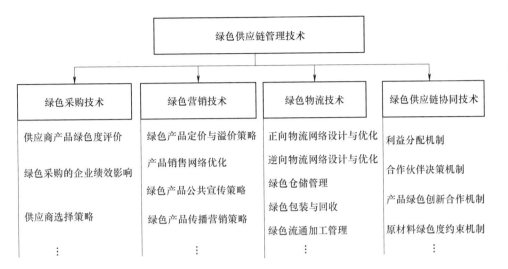

图 2-14 绿色供应链管理技术体系

持这些技术的集成和应用的产品生命周期管理技术，其中包括产品生命周期建模、评价、数据管理等。

▶▶ 1. 产品生命周期建模技术

生命周期建模是产品面向生命周期设计的基础，也可为产品制造、运维与回收再制造提供支持。识别那些影响全生命周期的因素并建立足够精确的数学表达模型，对于在整体性生命周期高级模型中获取有效信息来说尤其重要。因此，产品生命周期建模技术主要包含以下三项关键内容：

（1）产品生命周期过程网络建模 产品生命周期是由设计、制造、使用/运行、报废处理等过程网络组成的。管理产品生命周期需要了解和描述这些过程网络的行为和相关性。同时，所建立的产品生命周期过程网络，应该能够明确地将产品生命周期所有过程和参数当作/视为产品生命周期的设计参数，同时能够从系统的角度表达各个过程和参数之间的相互依赖性。在过程网络建模时，建模语言的设计和选择非常重要。目前已有建模语言有 PSL（Process Specification Language）、XPDL（XML Process Definition Language）、BPML（Business Process Modelling Language）、UML（Unified Modelling Language）、EPC（Event Process Chain）以及 OPM（Object Process Methodology）等可供参考。

（2）产品生命周期数据建模 产品生命周期通常包含复杂的活动流和信息流，为了控制和管理产品生命周期的过程和信息，描述产品生命周期的活动流和信息流非常重要。产品生命周期的运行包括整个产品生命周期中所有过程的规划、执行、控制和文件编制；这意味着产品生命周期期间的信息已突破产品本身的范围，并延伸至涵盖产品、过程和资源三方面在内的所有知识资本。因此，在产品整个生命周期中，不同的人和应用系统创建、更改、传递以及储存了大量信息，比如计算机辅助设计（CAD）图样、技术文件、结构数据等，从而增加了产品整个生命周期信息流的复杂性。为有效地追溯产品生命周期信息，系统地设计、管理这些信息是很有必要的，这要求深入了解整个生命周期中产品生命周期数据的语义和结构。一方面，需要梳理与产品生命周期数据有关的信息，并明确各个阶段的关键核心信息数据及其信息特性；另一方面，还需要设计描述产品生命周期数据内容（元数据）的数据结构，并开发管理产品生命周期元数据的信息建模框架。此外，还需要建立从产品生命周期元数据中获取信息和知识的检索方法和数据分析处理方法。

（3）产品描述模型建模　由于产品的零部件制造越来越依赖计算机信息系统，如何便捷地描述产品信息并交换信息非常重要。从模型类别来看，可分为面向结构、面向几何、面向特征的产品模型，以及基于知识的产品模型和产品集成模型等五种。面向结构的产品模型是应用计算机辅助产品建模技术来建立表示产品结构的模型。面向几何的产品模型是面向结构的产品模型的扩展，它具备表达产品形状的功能，如线性模型、表面模型、实体模型和混合模型等。为表示形状和由几何元素组合而成的产品的构成，面向特征的产品建模应运而生，并逐步成了表示产品设计特征、加工特征、装配特征以及抽象特征的常用模式。基于知识的产品模型是采用人工智能技术的先进模型。通过引用存储在内部模型中的某类产品的历史设计数据、专家知识以及历史经验数据等，基于知识的产品模型可以在产品建模决策中为信息推理提供支持。产品集成模型也称为全局产品模型，是综合了上述所有产品模型的功能组合。集成模型可应用于从产品需求分析、概念设计、详细设计、过程规划、数控（CNC）编程、机械加工、装配，到质量评价为止的所有产品开发活动。产品集成模型可构建成相互关联的多视图逻辑模型。

▶▶ 2. 产品生命周期评价技术

产品生命周期评价（Life-cycle Assessment，LCA）是一种对产品全生命周期的资源消耗和环境影响进行评价的环境管理工具，也称为产品生命周期分析（Life-cycle Analysis，LCA）、资源环境状况分析（Resource and Environmental Profile Analysis，REPA）。产品生命周期评价可理解为：运用系统的观点，对产品体系在整个生命周期中的资源消耗、环境影响的数据和信息进行收集、鉴定、量化、分析和评估，并为改善产品的环境性提供全面、准确的信息的一种环境性评价工具。

由于 LCA 可用于量化地评价产品全生命周期各个阶段的资源消耗和环境影响，并能提供相应的改进建议，被认为是支撑绿色设计和产品全生命周期环境管理的核心工具。

目前，国际标准化组织（ISO）环境管理委员会（ISO/TC207）制定了一系列关于产品生命周期评价的标准，其中已颁布和准备颁布的标准有 13 项，形成了产品生命周期评价的技术框架。在此框架中，评价过程分为四个阶段：目标定义和范围界定、清单分析、影响评价以及解释说明。产品生命周期评价是这四个阶段不断迭代和改善的过程。

（1）目标定义与范围界定　目标定义和范围界定是 LCA 很关键的一步，直接影响后续阶段工作的内容和方法，以及评价结果的有效性。目标定义应明确进行 LCA 的目的、原因以及应用对象。在范围界定时必须明确产品体系的功能、功能单位、产品体系边界、配置程度、环境影响类型、数据要求、假设条件、限制条件、原始数据质量要求、结果审查类型以及评价报告的类型和形式等内容。LCA 本身是一个迭代过程，允许在清单分析和影响评价时对目标和/或范围进行必要的修改和完善。

（2）清单分析　清单分析是对产品体系整个生命周期各个阶段或过程的输入和输出进行数据收集、量化、分析并列出清单分析表的过程。输入包括能量输入、原材料输入、辅助材料输入、其他物理输入等，输出是指向空气、水、土壤等的废物排放。由于早期 LCA 主要致力于产品体系能量、原材料消耗和废物排放的定量分析，因此清单分析是四个阶段中最成熟的。在清单分析中必须体现物料平衡和能量平衡的基本原则，即各过程单元的输入、输出基本一致。

（3）影响评价　影响评价是运用定量和/或定性的方法对清单分析结果潜在的环境影响进行评价和描述的过程。ISO 将影响评价过程分为影响分类、特性化、加权计算三个步骤。影响分类要求将清单分析的数据同环境影响类别对应起来；特性化要求对清单中的每项输出的环境影响程度进行量化；在必要和有意义的情况下，可以对特性化结果进行加权计算，求出一个总的影响值。

（4）解释说明　解释说明是指对评价结果的解释，包括对评价结果与所界定的目标和范围的符合程度的评价，对评价结果的可信度进行评价，以及根据评价结果寻找产品中造成环境影响的重要环节，以及提出产品改进意见等过程。解释说明的结果一般以结论和建议的形式向决策者提交 LCA 评价报告。

由于 LCA 过程复杂，成本高，数据收集时间长，而且经常存在数据缺少问题，因此开发了一些生命周期简化评价法。这些方法不一定非常准确，但可为设计者提供辅助和参考。

3. 产品生命周期数据管理技术

产品生命周期数据在产品产生、发展、成熟和消亡的过程中，具有重要的作用。对制造企业而言，是支持其持续发展的知识资产；对用户而言，是产品使用、维护和维修的基础；对循环经济企业而言，是对产品进行再使用、再制造和再循环的保证。但是产品数据散布在产品生命周期的各个地点，数据的内容和形式各不相同，受时间和空间制约，数据获取管理困难。因此，产品数据管理和使用的前提是获取管理，实现数据的可获得和可管理。

产品生命周期中，各个阶段的数据相互支持，能有效地优化相关的业务。比如，在产品概念设计阶段，获得产品的使用模式和用户建议的完整数据，能够发现哪些功能是必需的，哪些功能是用户需要但是没有的，从而改进产品功能，提高用户的认可程度，甚至引导用户消费。制造企业获取产品的使用模式、报废条件和回收处理的完整数据，可以改进设计，提高产品质量，降低制造成本，提升企业效益。设计过程中，可以借鉴其他产品中的成熟零件和部件，缩短产品上市时间，提高产品的可靠性。维修服务中，可以参考其他物理产品的使用经验、故障及其排除等信息，缩短故障检测的时间，降低维修成本。回收和重用者获得产品报废时有价值零件和原材料的精确信息有助于提高回收利用率，减少环境污染。

以上应用要求不同产品形态之间、设计产品之间、物理产品之间的数据能够相互支持。相关文献建立了产品数据闭环管理模式，可为产品生命周期数据获取、集成、供给和复用提供重要参考。目前正在快速兴起的数字孪生技术，也可为产品生命周期数据管理提供支持。

2.2.9 绿色制造的技术体系框架

综上所述，可提出由五项专项技术和多项产品生命周期管理技术组成的绿色制造的技术体系框架，如图 2-15 所示：以绿色制造的 6R 原则为指导，围绕产品生命周期主线、资源主线、面向产品生命周期的绿色设计主线三条主线而展开，形成绿色设计技术、绿色生产技术、绿色运维技术、绿色回收处理与再制造技术和绿色供应链管理技术五类专项技术和多项产品生命周期管理技术。绿色制造的技术体系框架是绿色制造理论的技术实现，并为绿色制造实施提供技术和方法支持。

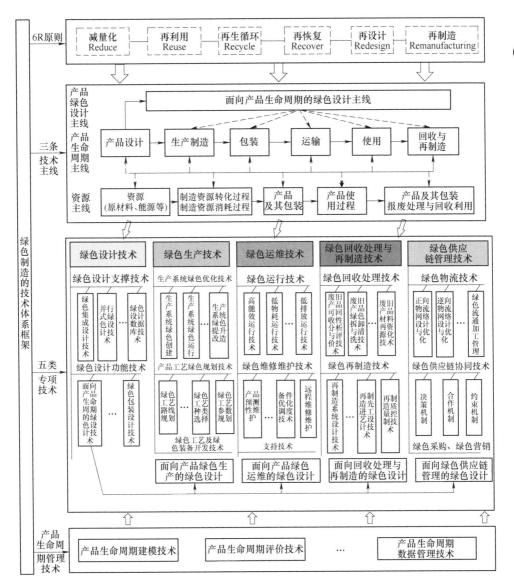

图 2-15　绿色制造的技术体系框架

参 考 文 献

[1] 刘飞，曹华军．绿色制造的理论体系框架 [J]．中国机械工程，2000，11（9）：961-964.

[2] 刘飞, 曹华军, 张华, 等. 绿色制造的理论与技术 [M]. 北京: 科学出版社, 2005.

[3] 宋天虎, 汪晓光. 绿色制造再思考 [R]. 南京: 2019 年绿色制造国际会议, 2019.

[4] 张华, 张绪美, 赵刚. 绿色制造 [M]. 北京: 中国环境出版社, 2018.

[5] 国家制造强国建设战略咨询委员会, 中国工程院战略咨询中心. 绿色制造 [M]. 北京: 电子工业出版社, 2016.

[6] DORNFELD D A. Greenmanufacturing [M]. New York: Springer, 2013.

[7] STARK R, BONVOISIN J. Sustainable manufacturing, challenges, solutions and implementation perspectives [M]. Berlin: Springer, 2017.

[8] 中国科学院可持续发展研究组. 中国可持续发展战略报告 [R]. 北京: 科学出版社, 1999.

[9] 刘飞, 张晓冬, 杨丹. 制造系统工程 [M]. 北京: 国防工业出版社, 2000.

[10] 张华, 刘飞. 制造系统产品物料资源消耗的一种分析方法 [J]. 机械工程学报, 2000, 36 (3): 27-31.

[11] 陈庄, 刘飞, 陈晓慧. 基于绿色制造的产品多生命周期工程 [J]. 中国机械工程, 1999, 10 (2): 233-235, 238.

[12] 刘飞, 张华, 陈晓慧. 绿色制造的决策框架模型及应用 [J]. 机械工程学报, 1999, 35 (5): 11-15.

[13] 刘飞, 张华. 绿色制造的集成特性和绿色集成制造系统 [J]. 计算机集成制造系统, 1999 (4): 10-14.

[14] ALASTAIR F. Theeco-design handbook [M]. London: Thames & Hudson, 2002.

[15] JHA N. Green design and manufacturing for sustainability [M]. Abingdon: Taylor & Francis Group, 2016.

[16] 刘志峰. 绿色设计方法、技术及其应用 [M]. 北京: 国防工业出版社, 2008.

[17] 王晓伟, 李方义. 机电产品绿色设计与生命周期评价 [M]. 北京: 机械工业出版社, 2015.

[18] 单忠德, 胡世辉. 机械制造传统工艺绿色化 [M]. 北京: 机械工业出版社, 2013.

[19] 单忠德. 机械装备工业节能减排制造技术 [M]. 北京: 机械工业出版社, 2014.

[20] DAVIM J P. Green manufacturing processes and systems [M]. Berlin: Springer, 2013.

[21] AJUKUMAR V, GANDHI O P. Evaluation of green maintenance initiatives in design and development of mechanical systems using an integrated approach [J]. Journal of Cleaner Production, 2013 (51): 34-46.

[22] 石慧, 曾建潮. 基于寿命预测的预防性维护维修策略 [J]. 计算机集成制造系统, 2014, 20 (5): 1133-1140.

[23] 周莉萍. 废旧家电回收处理系统及其工艺过程的研究 [D]. 合肥: 合肥工业大学, 2006.

[24] 吕国强, 王华, 郝玉琨. 废弃电子产品的处理与回收技术 [J]. 云南环境科学, 2003

（3）：44-46.

[25] 徐滨士，等.再制造工程基础及其应用 [M].哈尔滨：哈尔滨工业大学出版社，2005.

[26] 徐滨士，等.再制造与循环经济 [M].北京：科学出版社，2007.

[27] 国家自然科学基金委员会工程与材料科学部.机械与制造科学 [M].北京：科学出版社，2006.

[28] 但斌，刘飞.绿色供应链及其体系结构研究 [J].中国机械工程，2000，11（11）：1232-1234.

[29] 夏绪辉，刘飞，曹华军，等.逆向供应链及其管理系统研究 [J].中国制造业信息化，2003（4）：87-90.

[30] 夏绪辉，刘飞，高全杰，等.逆向供应链的内涵及体系结构 [J].中国机械工程，2004（1）：32-35.

[31] 朱庆华，阎洪.绿色供应链管理：理论与实践 [M].北京：科学出版社，2013.

[32] 刘彬.基于绿色采购的制造企业供应商选择与绩效关系实证研究 [D].大连：大连理工大学，2008.

[33] 林政男.绿色营销中企业-环保事业契合对消费者绿色购买行为的影响机制研究 [D].长春：吉林大学，2019.

[34] 张滨.发达国家绿色物流的发展及其对中国对外贸易的影响 [D].长春：吉林大学，2015.

[35] 陈晓华.制造业绿色供应链的管理机制研究 [D].哈尔滨：哈尔滨理工大学，2014.

[36] NIEMANN J，SERGE T，ENGELBERT W. Design of sustainable product life cycles [M]. Berlin：Springer Science & Business Media，2008.

[37] 刘刚.基于产品形态的生命周期数据闭环管理研究 [D].济南：山东大学，2012.

[38] 刘飞，陈晓慧，张华.绿色制造 [M].北京：中国经济出版社，1999.

第 3 章

———

企业绿色制造的功能系统、 运行模式与实施策略

　　企业是实施绿色制造的主体。由于企业所在行业、所处行业位置、所涉及的企业业务等众多差异，企业实施绿色制造时必然面临着不同的需求、潜力与挑战，这些因素也将直接导致不同企业实施绿色制造的功能系统、运行模式以及方法途径不同。

　　为此，本章将首先对企业实施绿色制造的需求、潜力与挑战进行总体分析，然后通过建立绿色制造的总体功能系统与总体运行模式，提出企业绿色制造的功能系统以及运行模式的构建方法；之后再对企业绿色制造的实施策略，包括企业实施绿色制造的指导方针制定，需求、潜力与挑战分析，目标制定与总体方案设计、组织模式与人才队伍组建、绿色制造功能系统构建与运维、绩效评价与持续改进等多个方面进行总体概述，以期为企业实施绿色制造提供参考。

3.1　企业实施绿色制造的需求、潜力与挑战

3.1.1　企业实施绿色制造的需求分析

　　近年来，为推动企业实施绿色制造，我国在推行控制污染物排放许可、环境影响评价、生态环境损害赔偿等制度的同时，也加快开展环保信用评价、生产者责任延伸制等工作。对制造企业而言，将绿色制造问题融入企业运营过程，不仅仅是法律法规的约束性要求，更是一种机会和需求。企业实施绿色制造的需求框架如图 3-1 所示，主要体现在以下五个方面：

　　1）企业实施绿色制造，是履行社会责任的表现。企业经营获取的经济效益来自于社会和生态环境，因此，也有义务去承担经营过程中给社会和环境带来的破坏，即企业存在社会责任。近年来，企业社会责任运动在欧美发达国家愈演愈烈，它要求企业不仅要提供一项质量满意的产品或服务，还要关心产品或服务对生态环境、员工及用户健康等多个方面的影响。因此，很多跨国公司纷纷制定了对社会做出必要承诺的责任守则，并开展环境、职工安全、用户健康、社会责任等方面的认证。企业实施绿色制造是履行社会责任的一部分，可在社会上树立起负责任、有担当的企业形象。这种企业往往更受社会各界的欢迎，也更容易获得来自社会各界的支持。

　　2）企业实施绿色制造，可以满足客户的绿色环保需求。较普遍的绿色环保需求是使用成本低和报废处理成本低的产品，比如高能效机床、节能型家电、低耗能汽车等。其中一个典型的案例是低排放低耗能汽车：近年来，随着各大城市对汽车排放要求越发严格，汽车消费者对低排放低耗能汽车的需求也越来

越强烈；赢得这部分客户的关键在于设计开发绿色汽车，降低消费者的使用成本。另一类需求是客户需要用绿色环保产品来满足自身的绿色环保价值追求。比如越来越多的客户青睐于那些整个制造过程原生态、无污染、无浪费的产品；而这一类产品，往往形成了绿色环保品牌，可收获较高的绿色溢价率和比较忠实的消费者。

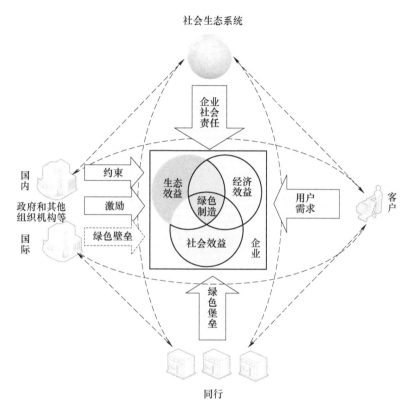

图 3-1　企业实施绿色制造的需求框架

3）企业实施绿色制造，可以获得来自政府和其他组织机构的多类激励，也有利于打破绿色贸易壁垒。一方面，实施绿色制造的企业可获得多个方面的激励。比如，我国工业和信息化部自 2017 年起，一直在推动绿色制造体系建设，评选"绿色工厂""绿色产品""绿色园区"以及"绿色供应链"，而多个省市区为获评企业提供了丰富的经济奖励和融资支持政策；又如，在《工业和信息化部　国家开发银行共同推进实施"中国制造 2025"战略合作协议》中提到，"十三五"期间国家开发银行将提供不低于 3000 亿元融资支持，并提供贷款、投资、债券、租赁、证券等综合金融服务。但值得注意的是，这些政策具有较高的时效性，往往奖励那些实施绿色制造的先行企业。另外，近年来，国外众多政府往往以保护有限资源、环境和公民健康为名，通过制定一系列苛刻的、高于国际公认或绝大多数国家难以接受的环保标准，限制或禁止进口外国商品，从而达到贸易保护目的；为跨越这些绿色制造相关的国际贸易堡垒，开拓新市场，企业必须实施绿色制造并取得突出成绩。

4）企业实施绿色制造，可以打破同行的绿色壁垒，形成有利于自己的绿色堡垒。在行业竞争中，具有绿色优势的企业往往极力推动更加严格的绿色制造标准来限制竞争对手的发展。企业实施绿色制造，可以打破行业同行的绿色壁垒；与此同时，当企业在同行竞争中占据绿色优势时，往往也可以通过制定行业、国家以及国际标准，形成有利于企业自身发展的绿色堡垒。

5）企业实施绿色制造，可以给自己带来明显的经济效益。从企业自身的角度来看，实施绿色制造意味着从产品生命周期的各个环节减少资源的浪费。降低资源消耗将至少带来两个方面的效益：其一是从源头上节约了材料、能源以及水等资源消耗，降低了资源采购的成本；其二在于充分利用生产废弃物，变废为宝，降低废弃物的环境负担。同时，实施绿色制造，企业不仅可以获取更多市场份额，还可以提升企业形象从而间接获取更多经济效益。

综上所述，企业实施绿色制造至少具有来自企业自身、社会生态系统、政府和其他组织机构、同行以及客户五个方面的需求，而实施绿色制造可为企业带来突出的经济、社会和生态效益。绿色制造企业的经济、社会与生态效益框架如图3-2所示。

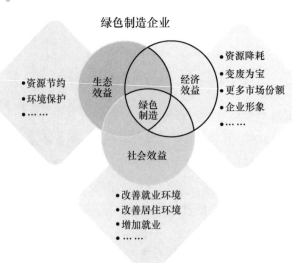

图3-2 绿色制造企业的经济、社会与生态效益框架

▶▶3.1.2　企业实施绿色制造的潜力分析

企业实施绿色制造的潜力主要是指企业资源效率提升潜力和潜在效益。由英国 Lavery Pennell、2degrees 和剑桥大学制造研究所联合开展的"下一代制造变革调查"表明：制造企业在能效提升、生产废弃物回收、包装优化、循环利用、物流效率提升、供应链协作等方面具有巨大的潜力和机遇；而这些方面恰恰是企业实施绿色制造的重要内容；在此，本书对这六个方面的先进事例进行简要评述以凸显企业实施绿色制造的潜力和机遇。

（1）能效提升方面　联合国工业发展组织等机构给出的制造业能效提升潜力居于 15% ~ 20%；而对于大多数行业的优秀企业而言，其能效提升在数年间超过了 30%，如图 3-3 所示。在此领域，丰田汽车走在前列：从 1993 年至 2007 年，丰田汽车欧洲工厂将每辆汽车的制造能耗减少了 70% 以上，每辆汽车的制造水耗减少了 75% 以上，这些节省带来了可观的经济利益。

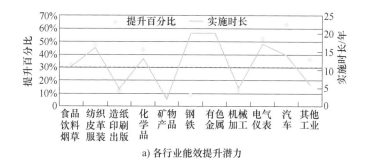

a) 各行业能效提升潜力

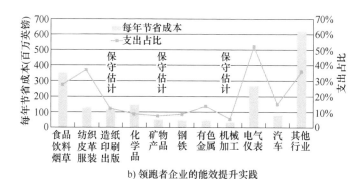

b) 领跑者企业的能效提升实践

图 3-3　能效提升方面

（2）生产废弃物回收方面　废弃物回收不但可以避免原材料损失以及垃圾处理费，还可以通过销售废弃物增加营收，如图 3-4 所示。比如，通用汽车公司在全球 102 个厂址实现了零垃圾填埋；同时，每年通过将生产废弃物转为副产品或循环再利用，获利超 10 亿美元。除了垃圾填埋场之外，世界上许多公司的废弃物总量都大幅减少；例如，丰田汽车欧洲公司将生产每辆车的总废弃物减少了 70%。

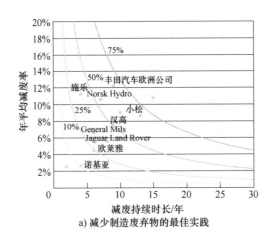

a) 减少制造废弃物的最佳实践

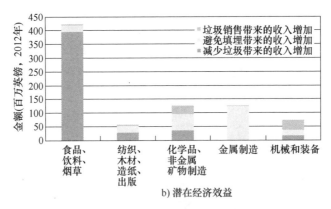

b) 潜在经济效益

图 3-4　生产废弃物回收方面

（3）包装优化方面　英国制造业的包装回收率约为 70%。产品包装的轻量化是非常重要的一个改进方向；许多制造公司对其包装重量非常重视，比如丰田在 15 年内将汽车包装重量减少了 57%（年包装强度降低率为 5.4%）。据统计，在过去 40 年中，金属食品罐（400g 装）的重量从 90g 减少到 55g，30 年来金属饮料罐（330mL）从 21g 减少到 15g。

（4）循环利用方面　如图 3-6 所示，钢铁以及纸张等产品的回收率非常高，都超过了 70%；相比之下，大多数制成品的再制造率都很低，但泵和压缩机以及工业模具行业的再制造带来的营收效益突出。在循环利用方面，许多公司做出了较突出的成绩，比如日本三菱公司已开展家电产品拆卸回收多年；理光（Ricoh）公司对于材料回收再利用也进行了多年研究，提出了"彗星循环"的回收循环模式，如图 3-7 所示。可以发现，在产品生命周期的各个阶段都存在众多再利用的机会。

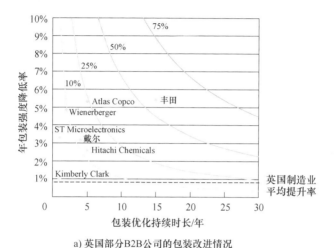

a) 英国部分B2B公司的包装改进情况

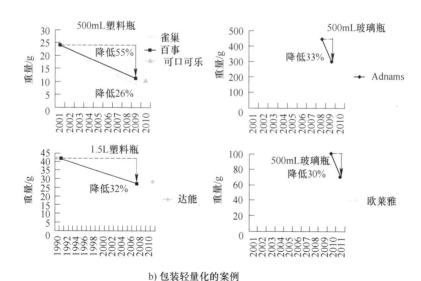

b) 包装轻量化的案例

图 3-5 包装优化方面

（5）物流效率提升方面 如图 3-8 所示，在此领域的大部分领先者，主要通过物流方式选择、路径规划、仓储和转运中心优化等方式，平均每年降低了

5%～10%的运输温室气体排放；同时，示例中的三个领跑者公司的运输过程温室气体排放降低了超过36%，其中两个公司花了五六年，另一个公司则花了超过20年的时间才实现这个减额。

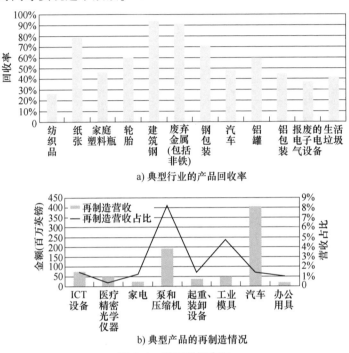

a) 典型行业的产品回收率

b) 典型产品的再制造情况

图 3-6　循环利用方面

注：图 3-6b 中的汽车的数据不包含二手车。

资料来源：Centre for Remanufacturing and Reuse. Remanufacturing in the UK：A Snapshot of the UK Remanufacturing Industry，2009，p6，office for National Statistics，Annual. Business Survey，Release Date 17 Nov. 2011.

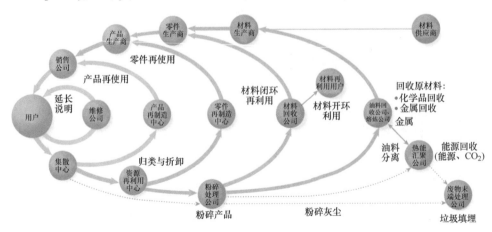

图 3-7　"彗星循环"模式

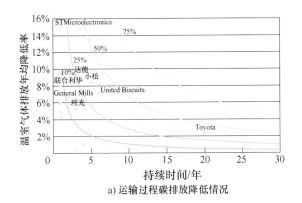

a) 运输过程碳排放降低情况

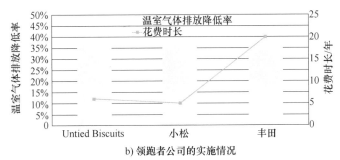

b) 领跑者公司的实施情况

图 3-8　物流效率提升方面

（6）供应链协作方面　供应链协作可以解锁两个主要领域的绿色价值：一方面是"垂直协作"，它通过跨越供应链各个环节的边界，整合各个环节的资源效率提升和环境负面影响需求，建立多个环节的协同优化方式，其中包括开展产品绿色协同设计、构建产品回收再制造网络等。另一方面是"横向协作"，涉及多个供应商并行，是通过整合多个供应商的活动来提升企业实施绿色制造的绩效，其中包括分享绿色制造最佳实践、整合物流服务等措施。

据统计，资源效率更高的产品可以推动 1% ~2% 的收入增长率，如图 3-9 所示。其中，"绿色"增长溢价定义为整个产品组合的平均年收入增长率与非"绿色"组合的平均年收入增长率之差。

显然，实施绿色制造的潜在效益因企业所开展的业务不同而差异较大。表 3-1 展示了部分企业实施绿色制造带来的潜在效益；更为详细的案例可参考本章参考文献［3］，其中包括 3M、百特和通用电气等公司实施绿色制造的经典案例。企业可根据企业业务特征综合分析和评估实施绿色制造的潜在效益。

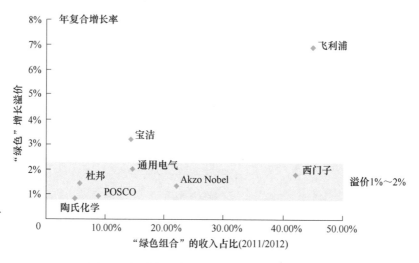

图3-9　提升产品资源效率带来的收入增长案例

表3-1　企业实施绿色制造的潜力——案例说明

公司名称	案例介绍
夏普公司	夏普公司2010年循环使用的塑料超过了1300t，主要措施有以下三个方面： （1）和回收公司Kansai合作，研发了从消费电子产品中回收塑料的技术 （2）为提高回收率，改进了回收流程 （3）为提升回收塑料的附加值，夏普与日本宇部工业合作研发新技术，以扩展回收塑料的应用范围，比如用于家用电器的外部面板
惠普公司	惠普开展了Planet Partners Return and Recycling项目，从1991年到2011年，从全球回收了超过10亿个打印机墨盒。回收再利用墨盒的材料碳足迹比新墨盒材料碳足迹降低22%，节省了50%的化石燃料和69%的水耗
通用汽车	通用汽车回收并重复使用其制造过程所产生的废料比例已达90%。每年节省材料240万t，在2011年二氧化碳排放量降低超过1000万t，为公司带来10亿美元的利润
福特汽车	福特汽车澳大利亚吉朗（Geelong）工厂通过与员工紧密合作，实施机床等制造设备的开机停机策略，使得第一年的能源成本降低了30%
索尼	为降低成本，索尼计算机娱乐欧洲公司在2000年开展了服务交换的维修模式，即用再制造零部件替换产品的故障零部件，以此来降低客户的等待时间；然后对故障零部件进行修复。从2004年到2007年，重复利用了Playstation和Playstation2两个型号的680万个零部件
啤酒制造商 Adnams	Adnams发现其啤酒碳足迹的一半来自玻璃瓶生产。因此，它设计了更轻的瓶子（重量降低33%），每年减少其二氧化碳排放415t，每年节省玻璃624t

3.1.3　企业实施绿色制造的挑战分析

企业实施绿色制造面临着一系列的挑战和机遇，已有较多文献对此进行过研究。比如参考文献［2］指出企业提升资源效率（与本书企业实施绿色制造的目标相近）面临着企业领导支持力度、信息、技能、资源、产品设计、基础设施、协作以及法律法规八个方面的障碍或挑战。表3-2整理了上述八个方面的具体内容，以供读者参考。

表3-2 企业实施绿色制造的八类挑战或障碍

挑战/障碍	主 要 内 容
1. 企业领导支持力度不够	为实施绿色制造，需要： （1）组织内多个职能部门和所有部门的行动（因此需要高级管理人员的参与） （2）改变员工行为和企业文化（最好由高级管理人员领导） （3）技能培训和设备投资（通常需要高级管理人员批准） （4）绩效评价与激励机制（只能由高级管理人员发起）
2. 信息匮乏	（1）缺少绿色技术相关信息、系统解决方案信息、行业实践信息、风险成本信息等 （2）缺乏"产品设计、使用等数据" （3）"再制造"名字带来的影响不好（研究指出："再制造"给消费者一种质量不可靠的错觉，这也被视为不了解再制造即信息匮乏）
3. 缺乏交叉技能	缺乏的技能包括： （1）工程技能以建立技术解决方案 （2）商业技能以获得绿色投资或者开发绿色商业模式 （3）管理技能，比如培训员工、激励新行为等 （4）系统思维，使企业/组织能够超越单个流程的改进，实现跨流程的系统优化
4. 资源限制	受到实施绿色制造的人力资源、资金等的限制
5. 产品设计限制	设计人员缺乏技能，重视程度不够，缺乏绿色设计技术
6. 基础设施匮乏	（1）缺乏在金融、产业协同、绿色采购等方面的支持 （2）标准复杂，评价指标烦琐
7. 协作困难	（1）同行协作：各方必须愿意提出自己的需求和观点，并积极参与绿色制造实施过程 （2）与客户协作：改变消费文化，促进重复使用、再利用、再制造、产品回收等
8. 法律法规约束	法律障碍。范围很广，比如： （1）新产品中禁止使用再制造零部件 （2）阻止零售商卖再制造产品或二手产品 （3）关于废弃物的定义，阻止了报废产品的交易和逆向运输，从而难以再制造 （4）再制造产品被归类于二手产品，给人一种不安全不可靠产品的印象 （5）立法重点放在回收方面，例如鼓励回收废料，而不是重新使用或翻新废弃的电气和电子设备，这可能阻碍再制造的发展

总体而言，企业所在行业不同、所处行业位置不同、所涉及的企业业务不同以及开展业务区域不同，势必对企业实施绿色制造带来不同的挑战。

一方面，企业所在行业以及企业内部情况对企业实施绿色制造具有首要影响。一是企业所在行业不同（特别是行业资源消耗占比和环境影响情况不同），企业面临的产业协同、供应链协同、管理层的支持等挑战和机遇是不一致的；二是不同行业往往具有不同的、完备程度不一致的绿色制造技术体系，需要企业详细分析和了解其中的挑战和机遇；三是在于企业管理层的态度、企业盈利情况以及各个部门的业务能力和协同能力等，均对企业实施绿色制造形成挑战或者机遇。

另一方面，企业实施绿色制造的挑战与机遇受到区域（包括城市、地区、流域以及国家四个层面）差异的影响。这主要体现在：①不同区域往往具有不同的法律法规和标准体系，对企业实施绿色制造的支持力度也不一致；②不同区域消费理念不一致，对企业实施绿色制造带来的绿色产品的消费态度也往往存在较大差异；③不同区域资源与环境状况、专业人才等各方面也存在较大差异。这些差异将直接影响企业实施绿色制造的成本和收益。

因此，可根据企业实际情况，从企业领导支持力度、信息、技能、资源、产品设计、基础设施、协作以及法律法规八个方面来具体分析企业实施绿色制造的挑战和障碍。

3.2　绿色制造的总体功能系统与总体运行模式

企业绿色制造功能系统是指解决企业业务流程中绿色制造问题的功能系统。然而，不同企业的业务流程及其绿色制造问题差异明显，导致不同企业的绿色制造功能系统具有较突出的差异性；同时制造业量大面广、制造企业多种多样，企业绿色制造功能系统具有较突出的多样性。因此，由于企业绿色制造功能系统的差异性和多样性，企业绿色制造的运行模式差异也很大。

由此可见，单个企业的绿色制造功能系统与运行模式对其他企业而言的参考价值有限。为此，本节通过建立绿色制造的总体功能系统来尽可能描述所有制造企业的绿色制造功能系统，然后提出绿色制造的总体运行模式来描述所有制造企业绿色制造功能系统的运行模型。企业可通过简化绿色制造的总体功能系统，或者选择其中的部分功能系统或分系统，建立适合企业自身特色的绿色制造功能系统及其相应的运行模式。

▶3.2.1 绿色制造的总体功能系统

绿色制造的总体功能系统不是某个企业绿色制造的功能系统，而是所有制造企业的绿色制造功能系统的集成。

绿色制造的功能系统，作为解决企业业务流程中绿色制造问题的功能系统，是绿色制造理论与技术的具体体现。

一方面，依据绿色制造的资源主线理论（资源环境问题主要由物能资源的消耗所决定，而提高资源利用率是解决制造业的资源消耗与环境问题的根本途径），绿色制造需要实现资源消耗及资源效率分析、监控、评价以及优化提升四个方面的基础功能。其中：资源消耗及资源效率分析旨在在产品设计以及工艺规划阶段分析产品生命周期的资源消耗量和资源效率；资源消耗及资源效率监控旨在监控制造资源流动、转化以及消耗过程的资源效率；资源消耗及资源效率评价旨在评价所监测的或所预测的制造资源消耗和资源效率表现情况，识别薄弱环节；资源消耗及资源效率优化提升旨在利用绿色制造技术体系，提升各个资源消耗环节的资源效率。

另一方面，依据绿色制造的产品生命周期理论以及技术体系，围绕产品生命周期各个环节，绿色制造需要实现包括产品绿色设计系统、产品绿色采购系统、企业绿色生产系统、产品绿色包装系统、产品绿色物流系统、产品绿色运维系统、报废产品绿色回收系统、报废产品绿色资源化系统、报废产品再制造系统、产品生命周期管理系统等在内的多项功能系统。

1）绿色产品或产品绿色设计系统，包括产品材料绿色化选择分系统、产品轻量化设计分系统、产品高能效设计分系统、面向产品拆卸和回收再利用的设计分系统等。

2）产品绿色采购系统，包括绿色定价决策分系统、材料绿色度评价分系统、零部件绿色度评价分系统等。

3）企业绿色生产系统，包括绿色新工艺及其装备研发分系统、产品生产工艺绿色规划分系统、生产系统高能效运行分系统、生产系统低物耗运行分系统、生产系统低排放分系统等。

4）产品绿色包装系统，包括绿色包装方案设计分系统、回收再利用方案设计分系统、包装材料绿色化选择分系统、轻量化设计分系统等。

5）产品绿色物流系统，包括绿色物流供应商选择分系统、物流路径绿色优化分系统、物流包装绿色优化分系统、流通加工绿色优化分系统等。

6）产品绿色运维系统，包括产品绿色运行状态监控分系统、产品高能效运行分系统、产品低排放运行分系统、产品低物耗运行分系统、预测性维护分系统等。

7）报废产品绿色回收系统，包括可回收性评估分系统、产品逆向物流分系统、产品绿色拆卸分系统等。

8）报废产品绿色资源化系统，包括零部件再利用平台、材料再资源化分系统等。

9）报废产品再制造系统，包括报废产品再设计分系统、再制造工艺规划分系统、再制造质量控制分系统和再制造系统优化分系统等。

10）产品生命周期管理系统，包括产品设计数据管理分系统、产品生产数据管理分系统、产品运维数据管理分系统、产品生命周期绿色度评价分系统等。

综合绿色制造的各项功能系统及其功能分系统，即可形成如图3-10所示的绿色制造的总体功能系统框架。值得注意的是，上述总体功能系统框架旨在尽可能地描述所有制造企业的绿色制造功能系统，而不同行业的企业绿色制造功能系统的侧重点不同。比如冶金业绿色制造功能系统主要包括企业绿色生产支持系统、报废产品绿色资源化系统等；而对于汽车制造业，其绿色制造功能系统则主要集中在绿色汽车开发系统、企业绿色生产系统、报废汽车绿色回收系统等；同时，整车企业和零部件企业的绿色制造功能系统也大不一样。实际应用中，可根据企业资源环境状况以及企业业务需求，明确企业绿色制造功能系统。

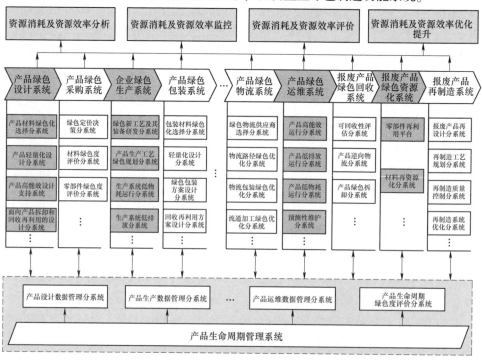

图3-10　绿色制造的总体功能系统框架

▶▶ 3.2.2　绿色制造的总体运行模式

绿色制造的运行模式主要是指绿色制造功能系统的运行模式。

绿色制造的总体运行模式不是某个企业绿色制造的运行模式，而是所有制造企业的绿色制造运行模式的集成。

显然，不同行业的绿色制造功能系统差别很大，因此其运行模式差别也很大。例如，机床制造行业绿色制造特点主要体现在产品的设计和回收处理方面，侧重绿色设计模式和再制造模式；电子行业主要体现在制造过程和回收处理方面，注重清洁生产和废旧产品再资源化模式。并且，虽然两个行业都包含回收处理环节，其内涵是不一样的。机床很多基础部件（比如床身）都是铸造件，经过长时间的时效，其可靠性更加稳定，对其进行再制造后可以直接重用；而电子行业由于产品中含有大量的金属材料，尤其是贵金属材料，因而回收处理主要表现为废旧产品的再资源化。

同时，同一行业中产品生命周期不同阶段对应的企业，具有不同的绿色制造运行模式。例如，汽车整车制造企业和汽车零部件制造企业对应着汽车产品生命周期的不同阶段，其绿色制造的功能系统大不一样，因而其运行模式也大不一样，详见第3.3节案例。

综上所述，由于各种企业绿色制造运行模式存在很大差异性，因此，本书无法针对具体企业去介绍各种各样的企业绿色制造运行模式。

为此，在借鉴现有研究和总结作者多年研究工作的基础上，本书提出了一种不针对具体企业的绿色制造总体运行模式，如图3-11所示。

该模式由以下五层结构构成：

第一层是战略目标层，即企业经济效益、社会效益和生态效益协调优化。新的市场环境和社会技术变革赋予了企业以更丰富的途径取得经济效益，企业社会责任要求制造企业在从社会环境中获取经济效益的同时，回馈社会与生态环境。因此，绿色制造的实施要求企业既要考虑经济效益，也要考虑社会效益和生态效益。实施绿色制造的企业（简称绿色制造企业）追求的企业战略目标将从过去的单一的经济效益优化变革为经济效益、社会效益和生态效益协调优化。

第二层是过程目标层，包括时间 T、质量 Q、成本 C、服务 S、资源利用率 R 以及环境负面影响 E 六个方面，主要体现在产品开发和生产周期尽可能短、产品质量尽可能好、产品成本尽可能低、产品售前及售后服务尽可能好、资源利用率尽可能高以及环境负面影响尽可能小。

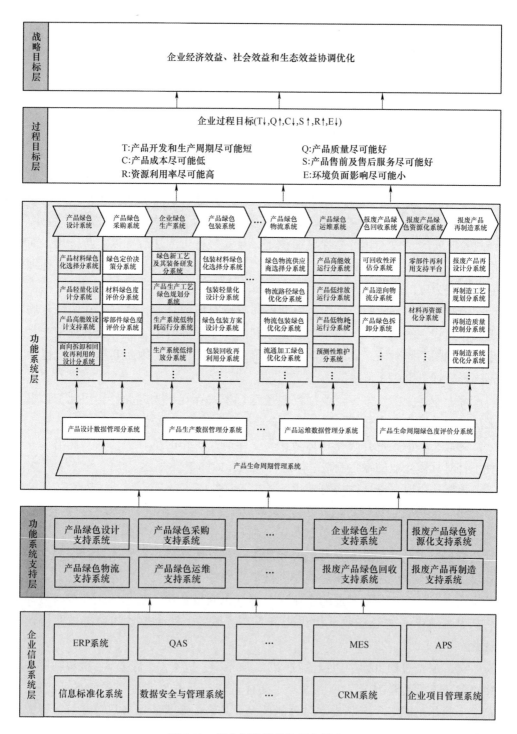

图3-11 绿色制造的总体运行模式

第三层是功能系统层。绿色制造的总体运行模式涵盖了产品绿色设计系统、产品绿色采购系统、企业绿色生产系统、产品绿色包装系统、产品绿色物流系统、产品绿色运维系统、报废产品绿色回收系统、报废产品绿色资源化系统、报废产品再制造系统、产品生命周期管理系统等在内的、几乎涉及所有制造企业的绿色制造功能系统。

第四层是功能系统支持层。绿色制造功能系统的运行离不开企业业务流程中的各项支持系统，其中包括产品绿色设计支持系统、产品绿色采购支持系统、企业绿色生产支持系统、产品绿色包装支持系统、产品绿色物流支持系统、产品绿色运维支持系统、报废产品绿色回收支持系统、报废产品绿色资源化支持系统、报废产品再制造支持系统、产品生命周期管理支持系统等多项绿色制造功能支持系统。

第五层是企业信息系统层。绿色制造的功能系统及其支持系统，都需要在企业信息系统的支持下才能运行。这些基本的信息系统包括企业资源计划（ERP）系统、质量保证系统（QAS）、制造执行系统（MES）、先进排产系统（APS）、信息标准化系统、数据安全与管理系统、客户关系管理（CRM）系统以及企业项目管理系统等。

实际应用过程中，企业可通过调整绿色制造总体运行模式来构建符合自身业务情况的绿色制造运行模式。

3.3 企业绿色制造功能系统与运行模式的构建方法

3.3.1 企业绿色制造功能系统的构建方法

（1）明确企业绿色制造功能系统的构成模式 由于所在行业、所处行业产业链位置、所涉及的企业业务等诸多差异，企业实施绿色制造时必然面临着不同的需求、潜力、机遇与挑战，这些因素直接导致不同企业需要的绿色制造功能系统不同：有的企业需要 1 个功能系统，有的需要多个（n 个）；还有一种情况是，对有的绿色制造功能系统而言，如汽车产品绿色设计系统，1 个绿色制造功能系统需要多个（m 个）企业共同构成才行。因此，企业绿色制造功能系统的构成模式有以下四类可选择：

1）单个企业完成单个绿色制造功能系统，即"1-1"模式。"1-1"模式的主要特点在于企业可面向企业业务中绿色制造问题最为突出的环节，开展针对性的绿色制造功能系统。同时，单个绿色制造功能系统中所涉及的功能分系统可以由简到难、由少到多。这也是企业着手构建绿色制造功能系统时（最）常见关联模式，如图3-12所示。

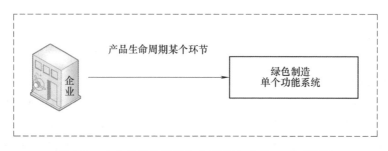

图3-12　企业单独构建单个功能系统（"1－1"模式）

2）单个企业完成 n 个绿色制造功能系统，即"1－n"模式。"1－n"模式的主要特点在于企业业务涉及产品生命周期的多个环节，需要构建多个功能系统才能解决企业的绿色制造问题，如图3-13所示。

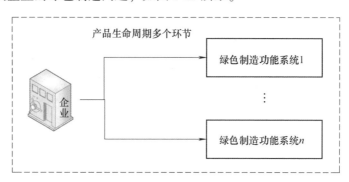

图3-13　企业单独构建 n 个功能系统（"1－n"模式）

3）m 个企业协同完成单个绿色制造功能系统，即"m－1"模式。"m－1"模式的主要特点在于产品生命周期的单个环节涉及多家企业，这也意味着其所涉及的绿色制造功能系统需要多个企业的协同才能完成。常见的复杂机电产品、汽车产品的绿色设计开发系统即是由多家设计单位共同构建的，如图3-14所示。

4）m 个企业协同完成 n 个绿色制造功能系统，即"m－n"模式。这是"m－1"模式在产业链中的进一步扩展，"m－n"模式的核心在于产业链中多个企业针对产品生命周期的多个环节，协同构建 n 个绿色制造功能系统。这种模式在离散制造业中非常常见，比如复杂产品往往由多个零部件构成，因此其产品绿色设计系统、绿色生产系统需要产品及其零部件所关联的生产企业、设计企业的共同参与，如图3-15所示。

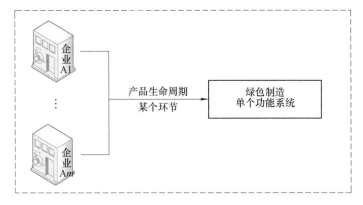

图 3-14 *m* 个企业协同构建单个功能系统（"*m* – 1"模式）

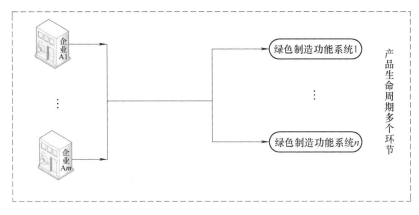

图 3-15 *m* 个企业协同构建 *n* 个功能系统（"*m* – *n*"模式）

此外，"*m* – *n*"模式可能还存在一种特殊情况，即 *m* 个企业协同完成产品生命周期过程的所有（*N* 个，此时 *n* = *N*）绿色制造功能系统，其核心在于面向产品生命周期全过程构建绿色制造功能系统，这对于绿色供应链和产业链监管具有非常重要的意义。

（2）从绿色制造的总体功能系统框架中选择和构建企业的绿色制造功能系统 一方面，企业绿色制造功能系统由一个或多个功能分系统构成。企业需要参考绿色制造的总体功能系统框架，明确待构建的绿色制造功能系统的组成。另一方面，需要参考本企业绿色制造功能系统的构成模式，结合企业的实际情况，制定企业构建绿色制造功能系统的具体实施方案。其中，推荐分步构建绿色制造功能系统中的各个分系统，逐步形成企业绿色制造功能系统。

▷3.3.2 企业绿色制造运行模式的构建方法

▷1. 企业绿色制造运行模式框架

企业绿色制造运行模式，是在绿色制造总体运行模式基础上，构建面向企业自身业务需求与资源环境问题的绿色制造运行模式。

如图3-16所示，尽管不同企业由于所处行业、所处行业位置以及企业业务等不同，其绿色制造的运行模式存在较大差异，但一般包括企业战略目标、企业过程目标、企业绿色制造功能系统、企业绿色制造功能系统支持以及企业信息系统五个层次。

首先，企业战略目标需要调整为企业经济效益、社会效益和生态效益协调优化，所有实施绿色制造的企业应当认同这个战略目标。其次，结合企业实际业务流程，构建企业绿色制造的过程目标。再次，根据上述绿色制造功能系统与企业的关联模式和企业业务环节，选择和构建企业绿色制造功能系统。最后，结合企业的绿色制造功能系统支持和企业信息系统，形成绿色制造集成运行模式。

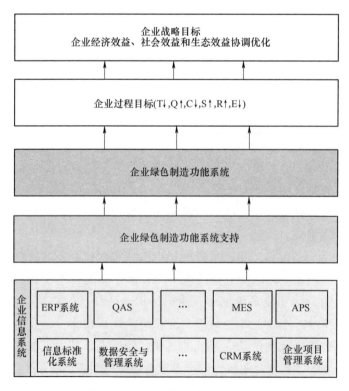

图3-16 企业绿色制造运行模式框架

具体企业可根据前面图 3-10 绿色制造的总体功能系统框架和图 3-16 企业绿色制造运行模式框架，建立自己企业的绿色运行模式。由于各种企业的绿色制造运行模式存在很大差异，本书通过下面两个具体案例（汽车齿轮制造企业和汽车制造企业）来说明建立零部件制造企业和终端制造企业的绿色制造运行模式的方法。

2. 案例：汽车齿轮制造企业绿色制造运行模式

汽车齿轮制造企业是汽车产业链中典型的零部件加工企业，其绿色制造运行模式对于大部分零部件制造企业构建绿色制造运行模式具有较突出的代表性。

为此，本书提出一种如图 3-17 所示的汽车齿轮制造企业绿色制造运行模式。

其中，在企业经济效益、社会效益和生态效益协调优化的企业战略目标的指导下，形成了由高效率、高质量、低成本、低能耗和低物耗组成的企业齿轮制造过程目标。

另外，面向企业的核心业务，构建了由齿轮绿色制造工艺多目标决策系统、齿轮加工过程能效评价与优化系统以及齿轮加工废弃物回收与再利用系统组成的齿轮绿色生产系统。其中，各项绿色生产功能分系统的说明如下：

1）齿轮绿色制造工艺多目标决策系统。齿轮制造工艺有滚齿、剃齿、磨齿等传统工艺，还有少无切屑加工和高速干切加工等绿色工艺。齿轮绿色制造工艺多目标决策系统，旨在根据齿轮规格要求、企业设备条件等多种因素，尽可能选用绿色制造工艺，进行多目标优化决策。

2）齿轮加工过程能效评价与优化系统，由能量效率动态获取系统、能量效率评价系统、能量消耗与能量效率预测系统、能耗定额科学制定系统、工艺参数节能优化系统以及工艺路线节能优化调度系统等组成，旨在实现齿轮制造过程能量效率尽可能高。

3）齿轮加工废弃物回收与再利用系统旨在重复利用齿轮加工过程产生的废切屑和切削液。

此外，在企业信息系统的支持下，结合齿轮绿色生产系统，构建了由生产任务管理与动态生产调度系统、生产进度信息采集与任务监控系统、加工质量动态监控系统、制造装备运行状态监控、生产状况分析系统、工艺参数决策支持系统、数控程序编制支持系统等组成的企业绿色制造功能支持系统。

3. 案例：汽车制造企业绿色制造运行模式

汽车是一种典型的离散制造产品，包罗了各种典型机械元件、零部件、各种金属与非金属、材料及各种机械加工工艺；汽车制造企业绿色制造在国内外

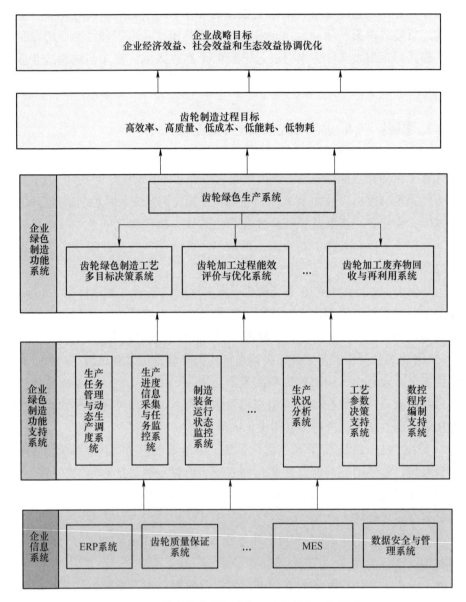

图 3-17　某汽车齿轮制造企业绿色制造运行模式

都受到了广泛的重视。比如世界技术评估中心（World Technology Evaluation Center，WTEC）的《环境友好制造最终报告》中分析了汽车行业的环境问题，并对世界知名汽车制造企业的环境战略和环境管理进行了实证研究。研究显示各国实施绿色制造的汽车企业，已获得可观的经济收益以及生态效益，表明其他汽车制造企业实施绿色制造具有巨大的潜力。

基于现有研究，结合绿色制造总体运行模式，本书总结归纳了一个如图 3-18 所示的汽车制造企业绿色制造运行模式。

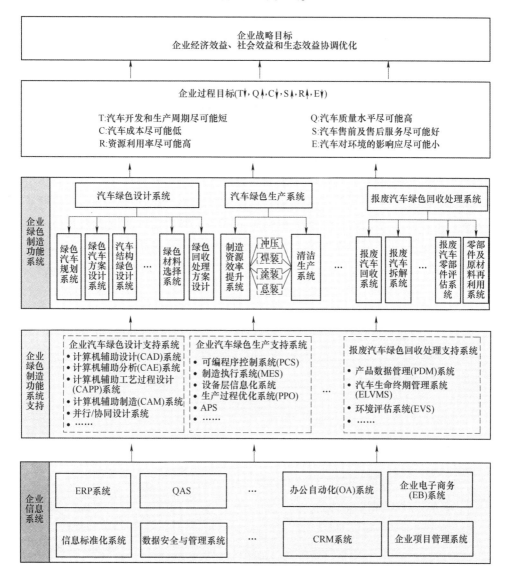

图3-18　汽车制造企业绿色制造运行模式

其中，在企业经济效益、社会效益和生态效益协调优化的企业战略目标的指导下，形成了由汽车开发和生产周期应可能短、汽车质量水平尽可能高、汽车成本尽可能低、汽车售前 & 售后服务尽可能好、资源利用率尽可能高以及汽车对环境的影响尽可能小组成的汽车企业过程目标。

另外，面向企业核心业务，构建了由汽车绿色设计系统、汽车绿色生产系统以及报废汽车绿色回收处理系统等组成的汽车制造企业绿色制造功能系统。此外，也与汽车供应链企业协同构建汽车绿色服务系统；比如，依托汽车产业链建立包括分时租赁、用户体验、整车个性化定制、UBI[⊖]、汽车金融等服务内容的汽车后市场绿色出行服务体系。

各绿色制造功能系统的说明如下：

（1）汽车制造企业绿色设计系统　汽车绿色设计功能系统主要包括绿色汽车规划系统、绿色汽车方案设计系统、汽车结构绿色设计系统、绿色材料选择系统、绿色回收处理方案设计系统等多个功能子系统。图3-19给出了一种汽车制造企业绿色设计流程。汽车制造企业通过汽车绿色设计需求工程将所收集的内外部需求信息形成确定的设计需求；根据设计需求，设计部门可以大体确定设计概念；然后，通过跨部门的虚拟组织形式，考察企业的制造能力并与之匹配，形成绿色设计产品方案和汽车产品模型。在汽车产品模型的基础上，设计部门可以进行产品规划，如总体方案、汽车结构设计、材料（零部件）选择、制造工艺、包装设计、回收处理方案等。而这系列过程是在汽车绿色设计知识

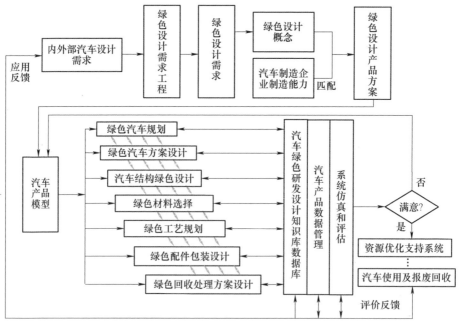

图3-19　汽车制造企业绿色设计流程

⊖　UBI 为 Usage-based Insurance 的简写，译为基于使用量而定保费的保险。

库、汽车产品数据管理以及仿真评估系统的支持下完成的。最后，将仿真评估系统的结论与设计方案进行比较，满意可导入汽车产品生命周期工程的下一环节，否则需要修正汽车产品模型。

（2）汽车制造企业绿色生产系统　汽车生产过程主要包括冲压、焊装、涂装、总装这四大工序，而汽车绿色生产系统主要包括面向这四大工序的制造资源效率提升系统以及清洁生产系统。图 3-20 体现了汽车制造企业生产过程主要涉及的绿色制造问题及其解决方案框架。其中，制造资源效率提升以及环境影响的极小化是汽车制造企业生产过程绿色制造改造的重点。对应于资源效率提升，可以采用资源效率提升设备、工艺以及资源回收等作为绿色化方案；对应于环境影响极小化（即清洁生产系统），可以采用清洁设备、清洁工艺和末端处理等作为绿色化方案。

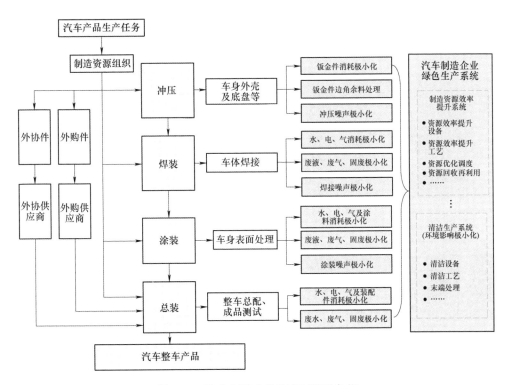

图 3-20　汽车制造企业生产过程绿色化

（3）报废汽车绿色回收处理系统　如何构建报废汽车绿色回收处理系统，对于报废汽车进行有效管理，以确保企业原材料及零部件的回收利用率、降低回收过程的环境负面影响至关重要。报废汽车绿色回收处理系统主要由报废汽车回收系统、拆解系统、零部件评估系统、零部件及原材料再利用系统等组成。图 3-21 给出了一种面向绿色制造的报废汽车绿色回收处理系统框架。汽车制造

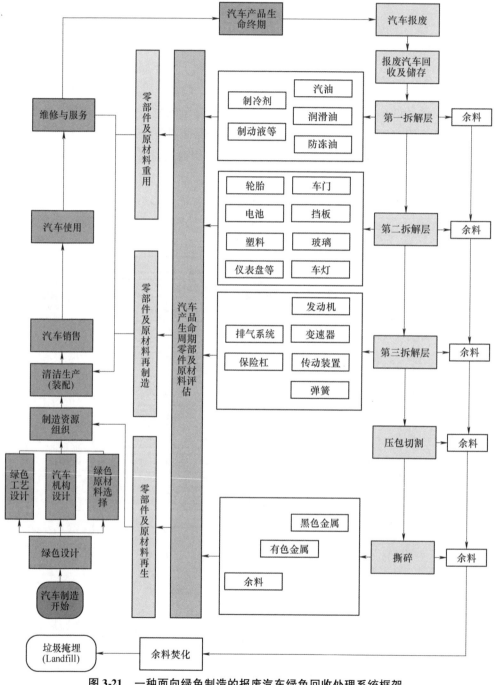

图 3-21　一种面向绿色制造的报废汽车绿色回收处理系统框架

企业可以根据自身的绿色营销及维修服务网络对于这些汽车进行回收，并通过制造资源组织配送系统对于这些汽车集中管理，并进入拆解程序。拆解层以及撕碎层回收的原材料以及零部件均进入汽车零部件及原材料评估程序进行分类，一般分为三大类，即可重用零部件与原材料、可再制造零部件与原材料以及可再生原材料。而汽车拆解层、压包切割以及撕碎等产生的少量余料可以通过焚化方式进行处理，焚化后剩下的垃圾可以通过掩埋等方式做最后处理。总之，汽车制造企业报废汽车绿色回收处理的最终目的是通过重用、再制造以及材料再生，尽可能把能循环利用的物质反馈回汽车制造的相应环节，从而形成汽车制造生命周期工程的闭环结构，促进实现汽车制造全生命周期工程的绿色化。

汽车制造企业实施绿色制造，是一个非常复杂的系统工程问题。本书从企业绿色制造功能系统及其运行模式的角度探讨了该问题，但还有待进一步研究和完善。

3.4 企业绿色制造的实施策略

本节将从企业实施绿色制造的指导方针制定，需求、潜力与挑战分析，目标制定与总体方案设计，组织模式与人才队伍组建，绿色制造功能系统构建与运维，绩效评价与持续改进六个方面，对企业绿色制造的实施策略进行分析，然后提出企业绿色制造的实施流程。

▶ 1. 指导方针制定

绿色制造属于企业长期战略，具有涉及面广、实施过程复杂、投入较大等特点，其应用实施是一个长期艰巨的系统工程。综合现有研究，建议企业采取"战略导向，总体规划；需求牵引，分步实施；效益驱动，重点突破"的指导方针。

"战略导向，总体规划"是指应用企业应根据自身的发展战略、国内外制造业和该企业所在行业的发展趋势做出企业绿色制造的总体发展战略。基于此，综合考虑企业资源环境问题和当前绿色技术发展状况，做出企业绿色制造总体规划方案。总体规划方案应以企业的绿色制造长远发展战略和近期经营发展目标为基础，具备一定的先进性和前瞻性。

"需求牵引，分步实施"是指根据企业的绿色需求以及企业资金供给、人员配置、企业的准备情况、实施的难易程度等制定出总体规划方案实施的先后顺序，避免四面出击，导致企业出现各种瓶颈问题。当各方面的客观条件和准备工作就绪后，根据需求的轻重缓急、资金投入能力和实现的难易程度，分步实施，稳妥地推进绿色制造的实施工作。

"效益驱动，重点突破"是指绿色制造的实施应针对相对较为严重的资源环境问题，以期解决企业发展的绿色瓶颈问题，特别是应以能为企业带来显著综合效益（包括经济效益和可持续发展效益）的环节为重点，并设计和优选适合该企业的技术方案和实施策略进行重点突破，一旦突破将会取得显著的效益，并为绿色制造的深入应用积累经验、奠定基础、提供指导和增强信心。

▶ 2. 需求、潜力与挑战分析

不同企业实施绿色制造时，必然面临着不同的需求、潜力与挑战。企业实施绿色制造的需求、潜力和挑战分析，主要包括：

1）开展资源环境评估。通过现场考察调研，详细了解企业业务流程的资源消耗状况、环境排放状况以及实际生产管理状况，并对整个企业以及业务流程进行总体评价，明确企业业务流程中存在的资源消耗和环境负面影响问题。其中，常用方法有投入产出分析法、价值图分析法等。

2）参考图 3-1 所述企业实施绿色制造的需求框架，从企业自身、社会生态系统、政府和其他组织机构、同行以及客户五个方面分析企业实施绿色制造的需求。

3）结合企业资源环境评估结果，评估企业实施绿色制造的潜力。参考第3.1.2 节的领跑者案例和数据，可从能效提升、生产废弃物回收、包装优化、材料循环利用、物流效率提升、供应链协作等角度评估企业实施绿色制造的潜力。

4）从企业领导支持力度、信息、技能、资源、产品设计、基础设施、协作以及法律法规等方面分析企业实施绿色制造的挑战和障碍。

分析企业实施绿色制造的需求、潜力和挑战，可将对企业实施绿色制造的目标制定、总体方案设计以及绿色制造功能系统与运行模式构建等提供支持。

▶ 3. 目标制定与总体方案设计

一旦明确了企业实施绿色制造的需求、潜力与挑战，则可根据企业的实际情况制定企业实施绿色制造的目标。其中，需要优先考虑那些资源环境影响很大的因素以及对企业制造成本或消费者使用成本影响很大的因素。

企业实施绿色制造的总体方案设计包括企业实施绿色制造的阶段性目标、重点内容、实施方案、技术路线与保障措施等。总体方案设计应以企业的绿色制造长远发展战略和近期经营发展目标为基础，将企业实施绿色制造划分成若干个不断递进的发展阶段，引领企业实施绿色制造的方向、目标和路径。

在制定绿色制造目标时，需要认识到绿色制造实施不仅仅是技术问题，还是涉及管理、组织等各方面的一项系统工程问题，因此需要从绿色制造实施的全过程来识别其可能存在的风险。绿色制造风险一般主要包括动机风险、管理变革风险、组织风险、技术风险、经济风险、市场风险以及政策法律法规风险等，可选择如风险矩阵法、层次分析法/网络分析法、马尔可夫链建模方法、蒙特卡罗分析方法等进行评估。

▶ 4. 组织模式与人才队伍组建

组建一个"绿色制造团队"是企业实施绿色制造必不可少的一步。其中，绿色制造团队的组织模式是绿色制造成功实施的关键之一。企业可参考图 3-22，建立企业实施绿色制造的组织模式。

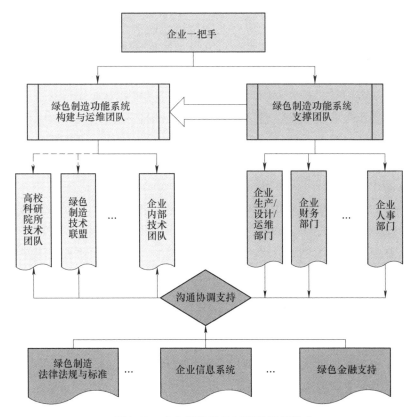

图 3-22　企业实施绿色制造的组织模式

在组织模式构建与人才队伍筹备过程中，建议重点注意以下三个方面：

1）实施绿色制造"一把手"工程。绿色制造的实施不仅需要开发或引进绿色技术、绿色工艺和绿色设备，企业绿色制造问题的改善和提高还与企业的相关规章制度以及员工的价值观念和道德水准有关；此外，还存在一些传统观念制约着企业绿色制造绩效的整体改善，需要企业领导层将资源节约、环境友好的绿色制造文化融入企业文化，推动全体员工接受和贯彻绿色制造文化。若公司决策层不重视，将难以推动绿色制造的落地实施；即使企业已经开始了这项工作，若决策层没有坚定的信心、持续投入的决心和良好的绩效考核，也很难真正解决绿色制造问题，更谈不上收获绿色制造的潜在效益。

2）建立面向绿色制造功能系统构建与运维的产学研合作团队。绿色制造功能系统是企业解决绿色制造问题的核心。但是，对于众多制造企业而言，绿色制造问题是一个从未涉及过的新问题，属于跨学科、跨领域的复杂问题，企业难以独自解决。比如实施绿色制造时，需要绿色制造专业技术人员帮助企业获取资源环境信息和数据，并为绿色制造实施提供决策参考和技术支持。因此，为保证绿色制造的正常实施，建议企业围绕绿色制造功能系统建立由企业内部技术团队和高校科研院所技术团队（以及绿色制造技术联盟）组成的绿色制造产学研合作团队。

其中，一方面需要充分利用具有实施绿色制造相关专业知识的员工，聚集企业内那些熟悉运营设施和运营活动的、能够帮助各部门达成一致绿色制造目标的，以及能够组织实践活动的员工至关重要；另一方面，可根据企业对绿色制造技术以及方法的需求，引进高校以及科研院所的绿色制造资源，制订培训方案以提高企业员工的环境意识和环保知识水平。

此外，为支持企业稳步推进绿色制造，我国已相继成立了行业绿色制造联盟（比如中国机械工业联合会绿色制造产业技术创新战略联盟）、各地方绿色制造联盟（比如重庆市绿色制造技术创新战略联盟）以及各专业领域的绿色制造联盟（比如中国绿色供应链联盟、上海市再制造产业联盟）等。这些联盟构建了包含政府主管部门、行业协会、高校、科研院所、再制造企业在内的交流平台，有助于整合行业内外资源，促进产学研合作，为企业解决绿色制造问题提供有效支持。

因此，当企业内部人才不能满足企业实施绿色制造的需求时，可与高校、科研院所以及行业联盟建立合作关系，形成绿色制造技术人才共享机制。

3）注重吸纳熟悉绿色制造法律法规、标准体系以及绿色金融等外部资源的人才。比如工业和信息化部和国家标准化管理委员会共同组织制定并印发《绿色制造标准体系建设指南》，要求建立由综合基础、绿色产品、绿色工厂、绿色企业、绿色园区、绿色供应链和绿色评价与服务七部分构成的绿色制造标准体系；在此过程中，将形成一系列标准及其相关联的人才队伍。此外，目前形成了绿色信贷、绿色贷款贴息、绿色基金、绿色债券、绿色保险等绿色金融支持政策以提高企业绿色项目的投资回报率，降低绿色项目的投资成本。这些企业外部资源可为绿色制造的实施提供重要支持，因此有必要聚集能够用好这些资源的人才。

▷▷ 5. 绿色制造功能系统构建与运维

依据企业实施绿色制造的总体方案设计，构建企业的绿色制造功能系统及其运行模式。具体而言，依据绿色制造总体方案，根据前面图 3-10 绿色制造的总体功能系统框架，构建企业现阶段的绿色制造功能系统；然后参考图 3-16 企业绿色制造运行模式框架，构建企业绿色制造功能系统的支持系统；结合企业信息系统，建立符合企业自身需求的绿色制造运行模式。

企业绿色制造功能系统及其运行模式是与企业业务流程密切相关的，因此，绿色制造功能系统的运维是一项持久的工作。一方面，绿色制造的许多功能系统（比如机械加工车间工艺参数绿色优化系统）需要持续运行才能有效支持绿色制造优化决策。另一方面，当企业业务流程、企业产品或服务等发生变化时，企业绿色制造功能系统及其运行模式，也需要进一步调整才能有效发挥作用。

在此过程中，建议分步实施，选择部分关键的绿色制造功能分系统优先开发与应用。这主要是出于以下两个方面的考虑：一方面，很多因素影响着绿色制造实施的成功与否，如领导层的认识与支持、技术层的相关实施经验都起着重要的作用，而分步实施可以逐渐提高领导层对绿色制造的认识与支持，并能逐渐积累实施经验，为绿色制造全面实施与推广打下良好的基础。另一方面，绿色制造的实施也具有一定的风险，并且需要大量的投入；分步实施，可以减少初期资金的投入并降低风险。

▷▷ 6. 绩效评价与持续改进

绿色制造绩效评价是绿色制造实施效果的检验工具。从绿色制造的实施流程来看，企业实施绿色制造是一个循环渐近的过程，过程中的每个阶段有其特有的实施内容，会取得其特有的成果。因此，企业实施绿色制造的绩效评价，需要构建一套贯穿于企业绿色制造项目实施全过程的动态评估体系。通过对绿色制造实施过程设定特殊节点，分阶段评估每个阶段目标，即总结成果、发现问题、不断完善。

根据绿色制造实施的过程特征，绿色制造绩效评价主要有三个阶段，即基础建设水平评价、应用实施水平评价和持续改进评价。其中基础建设主要包括战略规划和绿色制造需求分析，应用实施阶段主要包括总体方案设计、组织模式与人才队伍筹备、绿色制造功能系统构建与运维等，持续改进主要包括企业实施绿色制造的绩效评价与改进等。

由于每个阶段的实施内容不同，导致其评价内容不同，因此评价指标应有所差异。基于绿色制造"TQCSRE"六大决策属性（即时间、质量、成本、服务、资源利用率、环境影响），参照ISO14000标准，建立了企业实施绿色制造的绩效评价指标体系，如图3-23所示。该评价指标体系中阶段与阶段的评价指标之间有一定的因果关系。上一个阶段的绩效结果会影响下一阶段的绩效结果。比如绿色制造基础建设的好坏必然会影响绿色制造方案的应用实施。

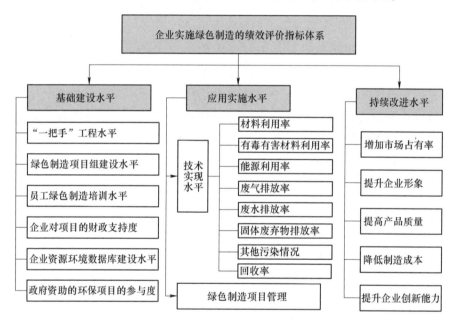

图3-23　企业实施绿色制造的绩效评价指标体系

因此，绿色制造实施过程中要折中考虑各个评价指标，通过持续改进不断提高绩效；而对于不同的企业，应根据企业自身情况（比如绿色制造团队人员的经验知识水平、企业实施绿色制造的保障水平以及目标、评价数据的采集难度等），选择合适数量的评价指标。

当一个实施周期结束之后，在绩效评价的基础上，进一步完善企业绿色制造功能系统及其运行模式，并持续改进，推动企业绿色制造的可持续发展，实施流程如图3-24所示。

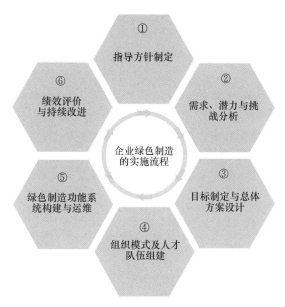

图 3-24 企业绿色制造的实施流程

参 考 文 献

［1］ 马祖军，代颖，刘飞．绿色制造与现代企业战略［J］．机电一体化，1998（5）：5-7.

［2］ LAVERY G，PENNELL N，BROWN S，et al. The next manufacturing revolution：non-labour resource productivity and its potential for UK manufacturing［R］. UK：Lavery Pennell，2degrees，University of Cambridge，2013.

［3］ Association for Manufacturing Ecellence. Green manufacturing：case studies in lean and sustainability［M］. Abingdon：Taylor & Francis，2010.

［4］ SUTHERLAND J W，RIVERA J L，LAW M，et al. Challenges for the manufacturing enterprise to achieve sustainable development［M］// MITSUISHI M，UEDA K，KIMURA F. Manufacturing systems and technologies for the new frontier. Berlin：Springer，2008.

［5］ MATHIYAZHAGAN K，SENGUPTA S，MATHIVATHANAN D. Challenges for implementing green concept in sustainable manufacturing：a systematic review［J］. OPSEARCH，2019，56（1）：32-72.

［6］ GARBIE I. Sustainability in manufacturing enterprises：concepts，analyses and assessments for industry 4. 0.［M］. Berlin：Springer. 2016.

［7］ 邱尔卫．企业绿色管理体系研究［D］．哈尔滨：哈尔滨工程大学，2006.

［8］ 李聪波，刘飞，曹华军．绿色制造运行模式及其实施方法［M］．北京：科学出版社，2011.

[9] 李聪波. 绿色制造运行模式及其实施方法研究 [D]. 重庆：重庆大学，2009.

[10] 王秋莲. 机床行业绿色制造模式及支持技术研究 [D]. 重庆：重庆大学，2009.

[11] 谷振宇. 定制型制造企业绿色制造实施模型及实施方法研究 [D]. 重庆：重庆大学，2010.

[12] 江志刚，张华，鄢威. 制造企业生产过程绿色规划优化运行模式及应用 [J]. 广西大学学报（自然科学版），2010，35（5）：771-776.

[13] 何志朋. 钢铁企业绿色制造运行模式及关键技术研究 [D]. 武汉：武汉科技大学，2013.

[14] 李先广. 机床制造业绿色制造运行模式及其特征主线研究 [D]. 重庆：重庆大学，2012.

[15] GUTOWSKI T, MURPHY D, ALLEN, D, et al. Environmentally benign manufacturing: observations from Japan, Europe and the United States [J]. Journal of Cleaner Production, 2005, 13（1）：1-17.

[16] 尹家绪. 基于产品生命周期工程的汽车制造业制造模式研究及其应用 [D]. 重庆：重庆大学，2008.

[17] 王永靖. 汽车制造企业绿色制造模式及关键支持系统研究 [D]. 重庆：重庆大学，2008.

[18] 陈铭. 新形势下汽车产品的全价值链回收利用 [R]. 重庆：重庆市绿色制造技术创新战略联盟绿色制造发展论坛，2019.

[19] 工业和信息化部，国家标准化管理委员会. 绿色制造标准体系建设指南 [EB/OL]. [2020-01-28]. https://www.miit.cn/jgsj/jns/lszz/art/2020/art_45ddc921d4bd40fd831db2ff3bdfa85c.html.

[20] 马骏. 论构建中国绿色金融体系 [J]. 金融论坛，2015，20（5）：18-27.

[21] 刘晓红，徐玖平. 项目风险管理 [M]. 北京：经济管理出版社，2008.

[22] 李聪波，刘飞，谭显春，等. 基于风险矩阵和模糊集的绿色制造实施风险评估方法 [J]. 计算机集成制造系统，2010，16（1）：209-214.

[23] SMITH J U M. Project risk management: processes, techniques and insights [J]. Journal of the Operational Research Society, 1998, 49（7）：769-770.

[24] 王秋莲，李聪波. 面向过程的企业绿色制造环境绩效评价体系 [J]. 工业工程，2010，13（6）：109-113.

[25] 李聪波，王秋莲，刘飞，等. 基于可拓理论的绿色制造实施方案设计 [J]. 中国机械工程，2010，21（1）：71-75.

[26] 葛晓梅，刘源，杨苿. 我国制造企业实施绿色供应链管理的障碍及对策研究 [J]. 科技管理研究，2008，28（7）：524-526.

[27] 朱庆华，曲英. 中国制造企业绿色供应链管理实践统计分析 [J]. 管理科学，2005（2）：2-7.

第 4 章

———

绿色制造的研究与实施现状

本章首先通过分析绿色制造相关文献，对国内外绿色制造的研究现状进行概述。然后从国外和国内两个角度出发，对绿色制造的实施现状（包括绿色制造相关的战略、法律法规、标准以及工程实践等）进行分析和总结，以期为读者了解绿色制造发展现状提供参考。

4.1　国内外绿色制造的研究现状

本节通过检索与绿色制造相关联的关键词，对绿色制造以及其细分领域（"绿色设计""绿色生产""绿色运维""绿色回收与再制造""绿色供应链"以及"产品生命周期管理"等方面）的研究进行整体分析。检索时间为 2019 年 10 月—11 月，检索数据库为 Web of Science 核心合集数据库。

图 4-1 显示了近 20 年绿色制造主题相关研究的发文趋势。由此可以看出，绿色制造相关研究在 2005 年以前的发文量相对平稳；2005 年之后，发文量呈快速增长趋势。

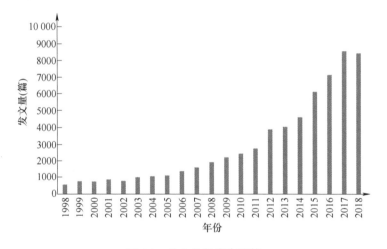

图 4-1　论文总数发表趋势

就各个国家对绿色制造主题的发文量占比来看，美国和中国遥遥领先，占比分别为 20% 和 19%；相比之下，德国和英国的发文量占比 7%，排名并列第三；排名前十位的其他六个国家发文量在 3% ~5% 区间，与前四名（特别是中、美）有较大差距。同时，可以看出，超过 50% 的发文量来自于中国、美国、德国和英国四个国家（图 4-2）。

从绿色制造各个细分领域来看，"绿色生产"和"绿色回收与再制造"主题的研究发文量最高，达到了 22% 左右；排在第三第四的是"绿色设计"和"产品生命周期管理"主题的研究，占比在17%左右；此外，"绿色运维"和"绿色供应链"主题的研究占比较少，在11%左右（图4-3）。

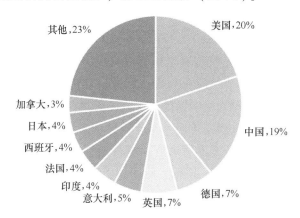

图4-2　各国发文量占比情况

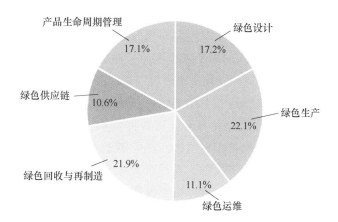

图4-3　绿色制造各个细分领域的发文总体情况

各个细分领域的具体研究现状将在本章附录进行详细介绍。

下面将对绿色制造的理论、绿色设计、绿色生产、绿色运维、绿色回收与再制造、绿色供应链、产品生命周期管理七个方面的研究进行概述。

⏭1. 绿色制造的理论研究

在绿色制造相关概念的定义以及其涉及的理论研究上，已存在大量研究。

就绿色制造的定义而言，国内最常用的绿色制造定义是：绿色制造是一个综合考虑环境影响和资源消耗的现代制造模式，其目标是使产品从设计、制造、包装、运输、使用到回收处理的整个产品生命周期中，对环境负面影响最小，资源利用率最高，并使企业经济效益和社会效益协调优化。国际上引用较多的定义是美国商务部在 2010 年给出的定义。原文为 "the creation of manufactured products that use processes that minimize negative environmental impacts, conserve energy and natural resources, are safe for employees, communities, and consumers and are economically sound（可持续制造是指制造业产品的设计制造过程，使用负面环境影响最小化的工艺，节约能源和自然资源，并对员工、社区和消费者安全且经济效益可观。）"。根据当前国内外的研究成果，本书在第一章中对该定义进行了部分修改，最后形成的定义如下：

绿色制造是一个综合考虑环境影响和资源消耗的现代化制造模式；其目标是使产品从设计、制造、包装、运输、使用到回收处理的整个产品生命周期中，对环境负面影响极小，资源利用率极高，并使企业经济效益、社会效益和生态效益协调优化。

产品生命周期工程是绿色制造研究中一个重要理论。现有产品生命周期工程理论研究主要关注产品整个生命周期、产品生命周期中的某个阶段（特别是生产阶段和回收阶段）以及产品多生命周期问题（比如闭环制造系统以及闭环供应链）。一些学者将产品生命周期工程视为一种系统方法，越来越多的研究从产品生命周期的角度去评估和优化资源环境以及经济社会效益问题。

制造业绿色可持续发展是近十年来绿色制造理论研究中的一个热点。几乎所有学者都在强调：尽管制造业对环境有负面影响，但它也创造了就业机会，并为人类的衣食住行等做出了积极贡献；尽管制造业对可持续发展存在潜在的威胁，但依旧是获取社会经济效益、推动可持续发展的关键解决方案。在此背景下，联合国将可持续生产设定为可持续发展目标之一，并将可持续制造（绿色制造）视为实现可持续发展的措施之一；越来越多的绿色制造研究开始关注制造企业社会责任与三重底线（环境、社会和经济三个方面的底线），并有超过 30 篇的文献中将三重底线理论融入绿色制造的定义中。因此，在近年来可持续发展理论、绿色发展理论不断拓展的背景下，绿色制造的定义和内涵也在不断地深化。

绿色制造的集成特性研究也得到了很多关注。宏观层面，产品生命周期中各个阶段的集成、供应链整合、园区工业共生等是当前的研究热难点；微观层面，将资源效率目标和环境目标集成到产品生命周期各个阶段，比如材料回收率、能量效率等目标与各阶段决策（例如制造策略、产品设计开发、制造和交付决策）的集成，也得到广泛研究。同时，许多研究人员呼吁将绿色可持续发展与商业要素（例如商业模式、战略、产品、流程和决策）进行整合，但这部分的研究还处于快速发展阶段，尚未形成成熟的理论。

总体来讲，当前尚未有一个取得广泛公认的定义和统一的理论或框架来区分绿色制造及其相关联的概念的范围。一些研究人员认为这些概念都是相通的，也很少去刻意区别它们。比如 Burchart – Korol 等人认为绿色制造与清洁制造、环境意识制造、环境友好制造、可持续制造等概念的目标和技术路线是一样的；Allwood 等研究认为绿色制造和可持续生产的内涵相近；Sangwan 等人指出不必强调区分绿色制造、清洁制造、环境意识制造、环境责任制造和可持续制造；Drizo 等人研究认为工业生态学与绿色制造的研究内容体系相近。

▶ 2. 绿色设计研究

目前，绿色设计研究已形成了产品生命周期评估、基于 CAD 的绿色集成设计、绿色设计图表工具、绿色设计指南、DFX 设计方法、面向生命周期全过程的绿色设计方法以及绿色集成设计支持系统等多个方面。

1）产品生命周期评估是绿色设计的一个重要工具，但产品生命周期评估的应用场景非常广泛，除了支持绿色设计外还支持产品生命周期中其他阶段的绿色优化。

2）基于 CAD 的绿色集成设计，其目的是在设计阶段就从环境角度分析产品并基于 CAD 模型中的数据评估各个设计方案的环境影响。比如 DEMONSTRA-TOR、EcoFit、EcologiCAD、EcoCAD 以及 CAST 等软件，可从产品的 CAD 模型中提取信息以评估其环境影响。市场上也出现了可用的 CAD 集成分析工具，比如 SolidWorks Sustainability 可通过直接从设计装配中获取数据来估计产品对环境的影响；此外，EcoAudit，作为一种 CAD 插件，通过与 Autodesk Inventor CAD 软件集成，用户可以在产品建模期间分析产品的环境概况。这些工具可用于比较不同的产品版本和了解主要产品的环境重要性，但由于过于简化而不足以获得详细的评估，比如评估组件生产过程的环境影响。

3）绿色设计图表工具提出了定性或半定量评估。如果没有有关产品形状和生命周期的详细信息可用，则可以执行该评估。比如 MECO 矩阵、Environmental Design Strategy Matrix、MET 矩阵、ERPA 矩阵方法以及 DFE 矩阵等工具，可以通过计算产品生命周期中涉及的材料、能量、化学物质和其他物质，估算每个生命周期阶段对环境的简化影响。蜘蛛图（Spider Diagram）是另一类图表工具，比如英国可持续设计中心和荷兰代尔夫特理工大学开发的 Ecodesign Strategy Wheel，用户可根据材料使用、运输、能源使用、废弃物、毒性等环境标准来评估产品并将其可视化在图中。尽管这些工具简单易用，并且可以以清晰明了的方式可视化结果，但它们仅提供定性结果和一般评估，难以分析产品生命周期中的材料流和能量流。

4）绿色设计指南工具用于快速评估产品的环境概况，对于产品早期设计阶段特别有用。设计人员可以遵循结构化和既定的流程，评估和改善产品的环境绩效。比如面向绿色材料选择的 Fast Five of Philips、White and Grey List 以及 Ecodesign Checklist Method（ECM）等。从文献中可以检索许多生态设计指南，设计者可以参考这些指南工具以改善产品的绿色度。由于这些指南类型具有很高的通用性，因此可以将它们应用于许多不同的产品，但是它们不提供潜在的解决方案，因此也很难将其转化为设计方案。这些指南工具主要是提供相应的设计规则，比如十大黄金法则（Ten Golden Rules）以及处方工具策略列表（Prescribing Tools Strategy List）。近年来越来越多地针对特定生命周期阶段制定了相应的指导原则，例如可用于设计的可拆卸设计指导原则（Design for Disassembly Guidelines）以及材料选择指导原则。

5）DFX 设计方法是为了优化产品特定要求而开发的。目前主要有面向拆卸、再制造、回收、能效提升等（Design for Disassembly，Design for Remanufacturing，Design for Recovery and Material Recycling，Design for Energy Efficiency）多种 DFX 设计方法。在面向拆卸的绿色设计中，目标是优化产品的拆卸潜力，以在环境和经济方面获得最佳解决方案。一方面，强调了拆卸对材料回收的促进以及遵守现行生命周期末端（End of Life，EoL）法规。另一方面，促进实现再制造，即面向再制造的绿色设计。面向材料回收的设计方法需要在设计阶段计算材料可回收性的定量指标；面向产品回收的设计方法需要定义可重复使用的产品部件，从而指导设计人员确定最佳的 EoL 解决方案。面向能效提升的设计，其目的在于正确计算与使用阶段有关的环境影响，特别是对于耗能组件。面向能效提升的设计的关键在于对产品设计方案进行能效评估，并验证其是否符合与能源相关的限值要求。

在设计过程的各个阶段做出的选择会极大地影响产品其他阶段的绿色度，因此，如何同时考虑多种规格以支持绿色制造多目标是一个科学问题。在此背景下，产品生命周期（PLC）计划方法应运而生，旨在将环境因素纳入常规产品开发过程中，根据环境、成本和质量多个方面评估新解决方案。还有面向生命周期使用阶段的绿色设计研究，主要目的在于通过设计改变产品使用中非绿色的情况；该方法对于在使用阶段具有重大环境影响的产品（例如耗能产品）绿色设计特别有用。当这些产品的能源效率很高并且无法实现进一步的改进时，就可能通过积极影响用户行为来建立一种可能的可持续发展策略。面向用户的设计策略考虑了产品体系结构的适应性以及反馈策略的实施，以引导对产品的正确使用。

最近的文献中已经提出了许多旨在整合现有绿色设计工具的方法以提高其可用性。比如将 LCA、CAD 和生态设计指南的集成融合在环境集成设计方法中，并将 TRIZ[⊖]方法学和现有的生态设计工具集成在一起，以促进生态创新产品设计。

▶ **3. 绿色生产研究**

总体来讲，绿色生产研究已在流程制造业的绿色工艺、清洁生产、废弃物处理、降污减排、低碳制造等方面取得了较突出的成果，但离散制造业的绿色生产研究起步较晚，研究不足。具体而言，至少还存在以下三个方面的难题：

（1）绿色制造工艺和设备　比如需要不断提高对制造过程和设备属性的认识，继续开发绿色新工艺和设备。绿色生产的目标是更有效地利用能源和其他资源，并降低对工人、社区和社会的负面影响，这需要新工艺开发设计、工艺交叉融合、设备匹配等多个方面努力；将绿色生产目标纳入生产一系列决策活动中，可发现重要的改进机会。比如现有研究发现：在设备设施层面，低成本地改进（比如停机策略管理）便可带来 5% ~ 10% 的节能效果，而通过更底层的运营改进（比如调度优化等），可带来 50% 或更多的节能效果。

（2）制造工艺的生命周期分析　例如，金属切削过程中去除油污可以降低成本，改善工作环境；降低废水处理成本，同时进一步消除或简化下一步的清洁作业。但很难确定某制造过程、加工工艺是不是绿色可持续的，往往需要采用生命周期工程来分析和选择特定条件下的最优工艺。比如，增材制造常常被视为材料利用率较理想的加工过程，但对于具有简单几何特征的零件（比如轴类零件），采用增材制造工艺加工往往效率更低、能耗更高。

（3）大尺度范围的绿色协同生产　绿色生产技术容易局限于单个加工过程，如何在更大范围内形成协作，是实现绿色生产的一大挑战。2008 年，国际生产工程科学院（CIRP）在巴黎成立了低碳制造研究组，并参与发起了名为 $CO_2PE!$ 的合作研究计划。这对于推动制造业工艺层的减排协作做出了第一步努力，但还远远不够。

▶ **4. 绿色运维研究**

近年来，绿色运维研究受到越来越多的关注。具体而言，现有的运维研究重点考虑了运维系统的经济效益，但对生态效益和社会效益的研究还比较少。

⊖　TRIZ 直译为发明问题的解决理论，揭示了创造发明的内在规律和原理，澄清和强调系统中存在的矛盾，其目标是完全解决矛盾，获得最终的理想解。

与运维相关的经济影响是众所周知的，主要与成本、停机时间、故障、浪费、性能、等待时间、缺陷、额外库存、额外运输等方面相关，并从这些方面影响产品质量和工厂生产率。但运维过程也往往容易带来有害排放问题，或由于系统故障而导致生产浪费、能效以及资源效率偏低等问题。

此外，在研究和实践中，运维对环境的负面影响尚未得到充分解决。绿色维护要求环境兼容性（如可生物降解的润滑剂和清洁剂）、能源效率（如路径碳排放最优化）以及人类健康和安全风险（如使用无毒润滑剂和溶剂）。

难以收集和分析相关数据以支持维护决策是现有绿色运维方法/模型/策略实施的主要障碍之一。企业想要可持续运营，应该推动运维工程的基础设施（比如互联网＋、智能传感器技术）建设。近年来，智能传感器技术已广泛应用于智能家居类产品，并为评估产品运行状态和智能升级维护服务提供了重要支持。但是，尽管可以通过各类传感器收集海量数据，却通常没有使用有效的方法来处理、分析和利用这些数据。面对整个产品生命周期过程中的实时多源海量数据，如何挖掘数据价值是其中一项重要挑战。

产品服务系统是绿色运维的一个重要内容，也是满足差异化需求的重要解决方案之一。生产者专注于产品的性能和服务效果，虽然承担更大的责任，但同时也有机会通过出售服务而非仅出售实物产品来获得更大的营业额和更多的收益。从工业的角度来看，产品服务系统对于降低产品运维过程的资源消耗和环境负面影响具有很大的发展潜力，但对于中小企业来说并不是件容易的事情，因为这需要更复杂的业务模式和执行机制（新型客户关系、新型合作方式、新型融资模式等）。考虑到中小企业对整个制造业具有非常重要的贡献，如何建立适合中小企业的产品服务系统是一大挑战。

▶▶ 5. 绿色回收与再制造研究

绿色回收与再制造的综述文献较多，不同行业（比如电子产品回收、塑料回收、纸制品回收等）差异较大，本书不做详细评述；在此主要针对机电产品再制造环节的研究现状进行概述。

国外在再制造产业方面起步较早，发展水平较高，目前已形成了较为成熟的市场环境和运作模式，在再制造设备、生产工艺、技术标准、销售和售后服务等方面建立了完善的再制造体系。各国的再制造发展模式各有特色，美国再制造产业以市场为主导，欧洲主要以企业为主导。美国再制造产业已有100多年历史，目前已经发展成熟，为美国经济、就业做出了重要贡献，尤其是汽车产品再制造，已成为汽车工业不可缺少的组成部分。美国再制造产业拥有完善的废旧零部件回收网络体系，并享有严格的环境保护政策作为支撑，可通过自由交易形式、依靠市场的自我调节实现报废产品的回收和再制造。欧盟非常重视再制造产业的发展，将之作为制造业发展的重要组成部分。欧洲再制造联盟估计，目前欧洲再制造产值约 170 亿欧元，提供了 19 万个就业岗位，预计到 2030 年，这一数值将达到 300 亿欧元和 60 万个就业岗位。

自 20 世纪 90 年代初开始，我国相继出现了一些再制造企业，主要按国际标准开展重型货车发动机、轿车发动机、车用电机等再制造，产品质量符合再制造的要求。2000 年 12 月，徐滨士院士在中国工程院咨询报告《绿色再制造工程在我国应用的前景》中，首次对再制造工程的技术内涵、设计基础、关键技术等进行了系统、全面的论述。2006 年 12 月，中国工程院咨询报告《建设节约型社会战略研究》中把机电产品回收利用与再制造列为建设节约型社会 17 项重点工程之一。自 2005 年以来，我国再制造发展非常迅速。再制造技术国家重点实验室通过对再制造的多角度深入论证和关键技术研发，为政府决策提供了科学依据，促进了一系列促进再制造发展的法规、政策、措施相继出台，为再制造的发展注入了强大动力。特别是 2015 年 5 月国务院颁布的《中国制造 2025》指出要大力发展再制造产业，实施高端再制造、智能再制造、在役再制造，推进产品认定，促进再制造产业持续健康发展。当前，我国已进入到以国家目标推动再制造产业发展为中心内容的新阶段，国内再制造的发展呈现出前所未有的良好发展态势。

近年来，再制造关键技术研发取得了重要突破，形成了再制造关键技术群，促进了再制造产业发展。在政策支持与市场发展的双重推动下，再制造将主要向"绿色、优质、高效、智能、服务"五大方向发展。

▷▷ **6. 绿色供应链研究**

绿色供应链，一般针对产品全生命周期的"大制造系统"进行研究。

目前，大量文献对绿色供应链管理的驱动因素进行了研究。出现频率较高的驱动因素有利益相关者的压力、客户相关的关注点、公司对环保问题的关注、环境法规和标准的影响、绿色营销、降低成本、竞争对手、道德和/或商业动机、ISO 14000 以及与客户合作可增强公司的竞争力等多个方面。但是，要有效地实施绿色供应链，必须有高级管理人员的支持、参与环境政策的所有行为者的承诺以及适当的战略计划。根据文献，实施绿色供应链的主要障碍包括参与者对绿色供应链缺乏了解、缺乏适当的培训、缺乏政府干预、对供应伙伴的依赖、财务限制以及对改变现状的意愿不强烈等多个方面。

还有很多文献讨论了绿色供应链对公司财务绩效的影响，并将绿色供应链管理确定为减少环境影响和利用长期财务利益的有效策略。其中经济学方面的观点表明，绿色供应链管理可帮助公司获得竞争优势并提高股价。

另外，现有的有关可持续供应链设计方面的研究大多数都集中在成本最小化、利润最大化或其他形式的经济增值等单一目标上。除经济利益外，综合了6R 原则和环境与社会考虑因素的综合模型对于促进可持续供应链的设计和管理也是必要的。开发此类模型的主要挑战之一是缺乏量化环境和社会对供应链运营（即整个生命周期）影响程度的指标。将产品设计（或整个生命周期）与供应链设计集成在一起的工作还非常有限，而这对于实现总体可持续性至关重要。

▶▶ 7. 产品生命周期管理研究

产品生命周期管理研究主要集中在产品生命周期建模、评价和数据管理等方面。其中对产品生命周期评价的研究最多，近年来对产品生命周期数据管理的关注度越来越高。下面将主要对产品生命周期评价研究现状进行概述。

生命周期评价旨在量化从产品设计到最终报废的整个生命周期内的环境影响，已形成较多的生命周期评价工具。生命周期评价工具包括公司直接或间接（如咨询服务）使用的商业软件工具，比如研究人员以及从业人员常用的 GaBi 和 SimaPro。除了提供特定行业的数据库之外，这些工具还对评价结果进行解释并提出建议。开放源代码工具 OpenLCA 也受到越来越多的关注，它可作为桌面应用程序免费提供以执行 LCA 和碳足迹评价；该工具可以灵活地处理不同的数据库结构，例如可以支持社会效益维度分析的多区域输入输出数据库。由于实施生命周期评价很难收集大量数据来评价产品对环境的影响，因此从输入数据、计算方法和图形界面等多个方面简化的生命周期评价简化版应运而生，如基于云服务的 Quantis Suite 2.0、Sustainable Minds、LCA to Go 等。还有基于网络的绿色设计工具（如 EarthSmart、X Pro 和 Corine 等），用于评价碳足迹；此外，还有专门针对耗能产品的 EuP Manager、ErpEcoreport 以及 EIME 工具。

在产品级别实施绿色制造的最大挑战是建立快速/便捷的生命周期评价方法而又不会显著损害生命周期评价的目标。由于每种设计情况都是唯一的，因此简化生命周期评价所需的相应假设也随具体情况而定，这需要设计师、工艺工程师、销售和管理人员以及最终用户之间进行广泛协作。同时，生命周期评价还必须具有足够的通用性和广泛性，以尽可能多涵盖产品整个生命周期的细节。这不仅需要有关各方协同开发和使用新技术和程序，还需要改善有关人员的教育和再教育。

开发便捷的生命周期评价工具的另一个主要挑战是如何使用这些工具进行最佳产品设计。如果将这些评价工具与参数化设计环境集成在一起，则可以改变各种设计参数以产生优化的设计，而不是简单地进行比较。因此，有必要将生命周期评价工具融入绿色设计系统，形成绿色集成设计系统。

综上所述，绿色制造的研究，先后经历了末端治理、清洁生产、生态效率、生命周期工程、闭环制造、工业生态等多个阶段。这些概念的提出与发展总体上反映了绿色制造已从原来的末端治理转向积极的源头控制和全生命周期的综合优化，从关注资源环境问题发展到经济、环境和社会的协调可持续发展，从单纯考虑绿色制造技术发展到以技术和非技术（比如绿色商业模式）相统筹。

4.2 国外绿色制造的实施现状

4.2.1 国外与实施绿色制造相关的国际协议和战略部署

在国际上，多边环境协定一直是在全球范围内促进制造业绿色可持续发展的最重要手段之一。表4-1 展示了一些与实施绿色制造相关的多边环境协定。

表4-1 与实施绿色制造相关的多边环境协定

协 定 名 称	与绿色制造相关的内容
《维也纳保护臭氧层公约》《蒙特利尔议定书》	限制消耗臭氧层物质和相关产品的生产和使用
《巴塞尔公约》	危险废物的回收、再循环或最后处置
《生物多样性公约》	限制资源开采和生产过程对生物多样性的影响
《森林原则》	与森林产品相关的生产、回收再循环
《联合国气候变化框架公约》《京都议定书》	限制工业化国家的温室气体排放
《斯德哥尔摩公约》	限制持久性有机污染物

其中，与绿色制造相关的代表性事件如下：

1987 年，世界环境与发展委员会发布《我们共同的未来》，确立了"可持续发展理念"。

1992 年，联合国环境与发展大会通过了《关于环境与发展的里约宣言》《21 世纪议程》等重要文件；同年，各国达成了《联合国气候变化框架公约》，并于 1994 年起生效。

1996 年，美国制造工程师协会（SME）在底特律发布了 *Green Manufacturing* 即《绿色制造》蓝皮书。

1997 年，《联合国气候变化框架公约》缔约方第三次会议通过了具有法律约束力的《京都议定书》。

2008 年，联合国环境规划署首次提出"绿色经济"和"绿色新政"倡议。

2011 年，联合国环境规划署发布了《迈向绿色经济：实现可持续发展和消除贫困的各种途径》报告，提出加快向低碳、资源高效的"绿色经济"转型。

2012 年，"里约 + 20"峰会通过《我们期望的未来》成果文件，绿色发展和应对气候变化进入新阶段。

2015 年，联合国气候变化大会达成《巴黎协定》，这是继《京都议定书》之后第二个具有法律约束力的协定。

2019 年，联合国环境规划署于发布的《全球环境展望报告 6》指出：如果不采取紧急行动对消费和生产模式进行深刻变革，到 2050 年，污染将致数百万人死亡，全球环境将无法可持续地承载 100 亿人的健康。人类必须彻底摒弃"只顾眼前利益，不顾身后祸福"的发展方式，向近乎零浪费的经济模式转型。

在此过程中，工业发达国家也在加速绿色制造领域的技术创新和产业模式变革，见表4-2，美国、英国、德国、日本等工业发达国家纷纷实施"绿色新政"。同时，在联合国可持续发展目标的推动下，非洲的部分国家，比如南非、埃及、坦桑尼亚、塞内加尔、毛里求斯等，也发布了可持续生产与消费的行动计划。

表 4-2　国外与绿色制造相关的战略部署

国家/地区	绿色制造相关的战略和计划
欧盟	《2030 气候 & 能源框架》 《欧盟能源气候一揽子计划》 《欧盟循环经济一揽子计划》 《获得可持续发展、有竞争力和安全能源的欧洲战略》
德国	《工业 4.0》："资源效率"列为八大关键领域之一 《高科技战略 2025》 《绿色技术德国制造 2018：德国环境技术图集》
美国	《先进制造伙伴计划 2.0》 《可持续力绩效战略规划》 《绿色振兴计划》 《绿色经济复兴计划》
英国	《未来制造》 《低碳转换计划》 《可再生战略》
日本	《绿色发展战略总体规划》 《建设低碳社会的行动计划》
韩国	《国家可持续发展愿景》 《国家绿色低碳增长战略》 《绿色增长国家战略及五年计划》

比如，为刺激欧洲向低碳、循环和绿色经济过渡，促进可持续经济增长并创造新的就业机会，欧盟提出的《2030 气候 & 能源框架》《欧盟能源气候一揽子计划》《欧盟循环经济一揽子计划》以及《获得可持续发展、有竞争力和安全能源的欧洲战略》等一系列战略规划，明确要求，到 2030 年，欧盟的温室气体排放量比 1990 年降低 40%，可再生能源消耗占比提升至 32%，能效提高 32.5%。此外，欧盟政治策略中心将提升能量效率、发展清洁技术与清洁经济视为未来重塑欧洲气候与能源的两个重要趋势。事实上，欧洲已成功实现经济与碳排放脱钩（即经济增长的同时温室气体排放不再增长）。1990 年—2017 年，尽管欧盟的 GDP 总量增长了 57.5%，但总排放量却下降了 22%。

▶▶ 4.2.2　国外与实施绿色制造相关的法律法规与标准现状

据联合国环境规划署 2018 年报，共计 108 个国家发布了绿色制造相关的法律法规与标准，涉及用能、用水、稀有资源、有毒有害物质等多个方面。下面将针对性地对与绿色制造相关的法律法规进行概述。

1）发展低碳、循环、绿色经济类的法律。如韩国于 2010 年发布了《低碳绿色增长基本法》，要求发展温室气体减排技术、能源高效利用技术、清洁生产技术、清洁能源技术、资源循环和绿色生态技术等绿色技术。

2）绿色采购法。如日本早在 1994 年就订立了绿色采购的方针，1996 年成立绿色采购网络 GPN，2000 年颁布了《绿色采购法》，要求政府、企业和个人都需要进行保护环境的采购活动。2003 年日本政府制定《绿色采购共同化协议》，建立了日本国内的绿色采购信息咨询和交流体系。类似的还有韩国于 2005 年通过的《绿色采购政策》；该政策在法律上要求包括中央政府、省议会和政府投资机构在内的所有公共部门使用绿色产品。

3）生产者责任延伸（EPR）制。自 1991 年在德国首次提出生产者责任延伸制以来，已超过 60 多个国家颁布了生产者责任延伸措施，其中包括押金退款、产品回收计划以及废物收集和回收担保。此外，一些国际公司，比如戴尔、耐克和施乐等公司，也在开展基于行业的 EPR 自愿性倡议，以推动产品的回收再利用。从根本上说，政府设定了每个生产者必须回收的强制性废物量，制造商负责在消费者使用和丢弃产品后收集并回收这些产品，或支付该回收过程所需的全部费用。EPR 不仅可促进回收，还可促进制造商改进产品设计以降低废弃物并简化回收。

4）绿色塑料以及绿色包装。截至 2018 年，127 个国家通过立法进行塑料袋管理，27 个国家针对特定的塑料产品颁布了禁令，27 个国家对塑料袋的生产和制造征税，30 个国家向消费者收取塑料袋费用，8 个国家通过国家法律或法规禁止塑料微粒的使用。此外，大部分国家还针对公共服务区域限制使用塑料袋。比如韩国发布了《包装方法和材料标准条例》，并对大多数产品的包装设定了"空置比例"要求。

5）产品绿色标签。与其他具有相同功能的产品相比，绿色标签是一项环境认证，授予特定的产品以证明其对环境的友好程度。目前，已有众多国家发布了相关的法律法规。比如，泰国发起了适用于超过 100 种产品和服务的绿色标签计划；加拿大政府创建了北美最大的环境标准和认证标志，即 EcoLogo；欧盟发布了《生态标签法规》（2010/66/EC）和《能源标签指令》（2010/30/EU），进一步促进了产品绿色标签的发展。

6）危险有毒有害物质管理与回收。在此方面，欧盟走在前列并发布了《废弃电气和电子设备处理条例》（*Waste Electrical and Electronic Equipment Directive*，WEEE）、《有害物质限制条例》（*Restriction of Hazardous Substances*，RoHS）、《报废车辆指令》（*End-of-Life Vehicle*，ELV）以及《化学品注册、评估和授权条例》（*Registration*，*Evaluation*，*Authorisation and Restriction of Chemicals*，REACH）等多项指令，对全世界制造业和产品使用标准产生了重要影响。

此外，在绿色制造标准化工作方面，国外已取得一定成果，可作为我国构建绿色制造标准体系的参考和借鉴。在此，从以下三个方面进行概述：

1）在绿色产品领域，标准化工作经历了从单一维度到多维度、定性与定量逐步融合的发展过程。在产品能效方面，美国能源之星（Energy Star）在国际上产生了广泛的影响力并得到多国政府的采纳；在有害物质限制使用方面，RoHS 及配套标准是有害物质管控的引领者；在综合管控方面，IEEE1680 系列标准从定性角度综合评价了绿色产品并得到美国电子产品环境评价工具（EPEAT）的采用，欧盟产品环境足迹（PEF）基于生命周期评价方法从定量角度综合规范了绿色产品。

2）在绿色生产与绿色工厂领域，国际标准主要从环境管理、能源管理和温室气体等方面引导工厂降低资源环境影响，部分发达国家发布了综合管控绿色工厂的政策或者标准。国际标准化组织（ISO）发布的 ISO 14001《环境管理体系　要求及使用指南》、ISO 50001《能源管理体系　要求及使用指南》以及 ISO 14064 温室气体排放系列标准从多个方面引导工厂实施绿色生产。在绿色工厂综合性规范方面，欧盟组织环境足迹（OEF）技术规范将组织与活动作为一个整体，评价与组织所提供商品和服务相关的所有活动的资源环境影响。韩国绿色认证技术规范从事业、技术、设施、产品四个方面，以认证带动工厂绿色化。

3）在绿色企业领域，ISO 发布的 ISO 26000《社会责任指南》和美国发布的 SA 8000《社会责任》等，均明确将资源节约与环境保护责任纳入企业社会责任的重要部分。在绿色园区领域，国外关于绿色园区的工作主要集中在建设和规划方面，美国硅谷、日本筑波科技城等国外高新产业园区，德国不来梅物流园区、日本和平岛物流园区等为各国园区发展提供了参考。

整体来讲，现有绿色制造相关的政策法规与标准，已包括污染物减排、回收利用、有害物控制、化学品管理、资源效率、能量效率、生命周期评价等多个方面内容，正在从末端治理走向源头控制，并逐步形成面向产品全生命周期的法律法规标准体系。

▶ 4.2.3 国际上与绿色制造相关的工程实践现状

绿色制造在工程实践中涉及众多领域。在此，以绿色制造实践过程中密切相关的 ISO 环境管理系统和能源管理系统两类标准的全球认证情况以及绿色制造实践案例两个方面来反映国际上绿色制造的工程实践现状。其中，相关标准数据来源于 ISO 官网。

▶ 1. 绿色制造相关国际标准的认证情况

1）ISO 14001 标准认证情况。如图 4-4 所示，从 2018 年 ISO 14001 标准的认证数量来看，其他国家的认证量远远低于中国。如图 4-5 所示，从 1999 年到 2017 年的认证数量趋势上看，印度、韩国和美国的认证趋势比较平稳，而日本直至 2009 年一直处于较显著的增长阶段，随后进入微跌。

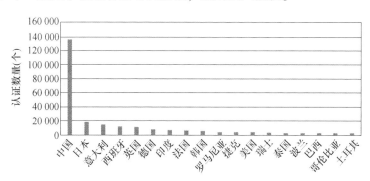

图 4-4　各主要国家 2018 年 ISO 14001 标准的认证数量

2）ISO 50001 标准认证情况。如图 4-6 所示，从 2018 年 ISO 50001 标准的认证数量来看，德国在此领域处于遥遥领先的地位。如图 4-7 所示，从 2012 年到 2018 年的认证数量趋势上看，除了中国，其他三个国家（德国、英国和法国）在 2017 年或 2016 年达到顶峰，并随之进入微跌阶段。

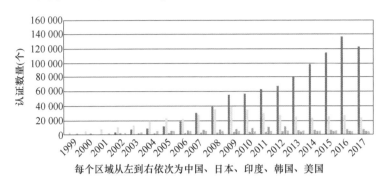

每个区域从左到右依次为中国、日本、印度、韩国、美国

图4-5　各主要国家 ISO 14001 标准认证趋势

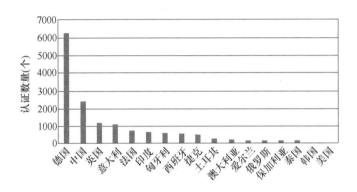

图4-6　各主要国家 2018 年 ISO 50001 标准的认证数量

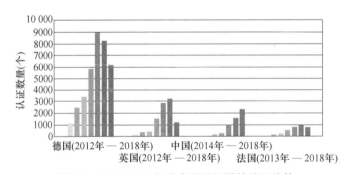

图4-7　ISO 50001 标准主要认证国的认证趋势

▶ 2. 一些绿色制造实践案例

1）美国制造扩展伙伴（Manufacturing Extension Partnership，MEP）中心推动各州制造企业实施绿色可持续制造并取得突出成果。比如 E3 审查（经济

Economy、能源 Energy 以及环境 Environment）加强了弗吉尼亚州某公司的环境承诺并节省了超过 20 万美元的运营成本；精益和清洁计划帮助新泽西州某制造商新增 300 万美元的销售额；可持续发展倡议（PSI）帮助威斯康星州某公司减少燃料和排放并降低运输成本 7. 5 万美元；节能项目使堪萨斯州某公司在设备方面节省了 6 万美元，在年度耗能方面节省了 2. 4 万美元；能源效率项目帮助新罕布什尔州某制造商将能耗降低 10%，每年节省 2. 5 万美元。

2）美国福特公司是较早确立"三重底线"政策的公司，即公司战略服务于经济、环境和社会，并要求全球工厂开展 ISO 14001 认证。该公司一方面减少汽车制造过程中能量的消耗，另一方面开发和使用轻型材料生产汽车以降低汽车使用阶段的耗能；同时，该公司还成立了产品生命周期小组，开展汽车产品生命周期研究，加强产品的可回收性（比如在产品中使用可回收的材料）。但该公司也面临着绿色制造实施过程的挑战，比如如何在各个分公司内部建立一个统一的环境管理体系，但同时又保持各个分公司的独立性和差异性。

3）据《财富》杂志报道，美国苹果公司 2018 年售出 2. 177 亿部 iPhone 手机，这意味着，苹果仅通过手机就向全球消费者投入了约 6800 万 lb$^\ominus$的电子材料。如果不能很好地回收再利用这些旧手机，它们中大部分将成为废弃物，带来的资源环境问题突出。为了解决电子垃圾回收问题，苹果位于奥斯汀工业园区的材料回收实验室正在研究电子产品回收机器人。据报道，该回收机器人能以每小时 200 部的速度分解 15 款不同型号的 iPhone，并对其中的 14 种原材料全部实现回收再利用。

4）德国西门子公司要求所有的工厂建立环境管理体系以及内部环境审计系统，加强环境协调性产品设计，并集成环境保护的方法到各个领域；西门子将优先选择那些获得环境管理体系认证的供应商。为此，西门子通过改善材料和机械加工过程，生产无铅和无氯的产品，并在降低成本的基础上进行面向环境的产品设计；同时，根据顾客的要求制定正规的环境规范，实施产品生命周期评估，并回收和利用报废的电器产品。

5）日本丰田公司是早期实施绿色制造的汽车制造公司之一。丰田公司要求在所有的分厂内改善环境，减少能量和资源的消耗；不仅要求在加工中实施绿色制造，也要求把绿色方法应用到商业模式中去。丰田公司利用其市场地位，为 450 家供应商建立了环境采购的规范，并对废弃物和污染物建立了内部的标准，取得了持续性的进步。此外，丰田公司还在开发符合法规要求的清洁燃料

$\ominus$　1lb = 0. 4536kg。

发动机，并在此领域保持领先地位。

整体来讲，工业发达国家实施绿色制造起步较早，并取得了较显著的成绩。

4.3　国内绿色制造的实施现状

4.3.1　我国与实施绿色制造相关的战略部署现状

1. 绿色制造相关的国家战略

我国一直高度重视资源节约和生态环境保护工作，节约资源和保护环境是基本国策，1995 年开始实施可持续发展国家战略，2006 年《国家中长期科学和技术发展规划纲要（2006 – 2020 年）》将绿色制造列为制造业领域发展的三大思路之一，2012 年党的十八大将生态文明建设纳入中国特色社会主义事业总体布局，2015 年《关于加快推进生态文明建设的意见》明确把绿色发展、循环发展、低碳发展作为生态文明建设的基本途径，2015 年制造强国战略《中国制造2025》将绿色制造工程列为五大工程之一，2016 年"十三五"规划明确提出了绿色发展理念，"一带一路"倡议提出把"一带一路"建设成为绿色之路，《国家创新驱动发展战略纲要》提出发展智能绿色制造技术，推动制造业向价值链高端攀升。绿色制造相关战略可总结为图 4-8。

图 4-8　绿色制造相关战略

2. 绿色制造相关的战略目标及任务

1)《国家中长期科学和技术发展规划纲要（2006—2020 年）》：将绿色制造

列为制造业领域发展的三大思路之一，提出积极发展绿色制造。加快相关技术在材料与产品开发设计、加工制造、销售服务及回收利用等产品全生命周期中的应用，形成高效、节能、环保和可循环的新型制造工艺，使我国制造业资源消耗、环境负荷水平进入国际先进行列。

2）《关于加快推进生态文明建设的意见》：2015 年 5 月发布的《关于加快推进生态文明建设的意见》明确到 2020 年，单位国内生产总值（GDP）二氧化碳排放强度比 2005 年下降 40% ~45%；能源消耗强度持续下降，资源产出率大幅提高，用水总量力争控制在 6700 亿 m^3 以内；万元工业增加值用水量降低到 $65m^3$ 以下；非化石能源占一次能源消费比重达到 15% 左右。

3）"十三五"规划：按照 2020 年全面建成小康社会新的目标要求，生产方式和生活方式绿色、低碳水平上升；能源资源开发利用效率大幅提高，能源和水资源消耗、建设用地、碳排放总量得到有效控制，主要污染物排放总量大幅减少；主体功能区布局和生态安全屏障基本形成。到 2020 年单位 GDP 能耗、用水量、二氧化碳排放分别下降 15%、23%、18%，能源资源开发利用大幅提高、生态环境质量总体改善等。绿色发展约束性指标见表 4-3。

表 4-3　绿色发展部分约束性指标

约束性指标		年均增速（累计）
单位 GDP 用水量下降		23%
单位 GDP 能源消耗降低		15%
单位 GDP 二氧化碳排放降低		18%
主要污染物排放总量减少	化学需氧量	10%
	氨氮	10%
	二氧化硫	15%
	氮氧化物	15%

4）《中国制造 2025》：明确 2020 年和 2025 年制造业规模以上单位工业增加值能耗下降幅度、单位工业增加值二氧化碳排放量下降幅度、单位工业增加值用水量下降幅度、工业固体废物综合利用率等绿色发展指标（表 4-4），提出"加大先进节能环保技术、工艺和装备的研发力度，加快制造业绿色改造升级；积极推行低碳化、循环化和集约化，提高制造业资源利用效率；强化产品全生命周期绿色管理，努力构建高效、清洁、低碳、循环的绿色制造体系。"全面推行绿色制造的战略任务。提出实施绿色制造工程，并明确"到 2020 年，建成千

家绿色示范工厂和百家绿色示范园区，部分重化工行业能源资源消耗出现拐点，重点行业主要污染物排放强度下降20%。到2025年，制造业绿色发展和主要产品单耗达到世界先进水平，绿色制造体系基本建立"的目标。

表4-4　2020年和2025年制造业绿色发展指标

绿色发展指标	2020年目标	2025年目标
规模以上单位工业增加值能耗下降幅度	比2015年下降18%	比2015年下降34%
单位工业增加值二氧化碳排放量下降幅度	比2015年下降22%	比2015年下降40%
单位工业增加值用水量下降幅度	比2015年下降23%	比2015年下降41%
工业固体废物综合利用率	73%	79%

5）《国家创新驱动发展战略纲要》：提出"发展智能绿色制造技术，推动制造业向价值链高端攀升。重塑制造业的技术体系、生产模式、产业形态和价值链，推动制造业由大到强转变。发展智能制造装备等技术，加快网络化制造技术、云计算、大数据等在制造业中的深度应用，推动制造业向自动化、智能化、服务化转变。对传统制造业全面进行绿色改造，由粗放型制造向集约型制造转变"的战略任务。

▶▶ **3. 绿色制造相关的规划部署**

为贯彻落实可持续发展战略和全面推行绿色制造的战略任务，国务院、国家发展改革委、科学技术部、工业和信息化部、生态环境部、商务部、国家市场监管总局等多个部委针对绿色制造出台了一系列规划和政策措施（表4-5），大力推动绿色、循环、低碳发展，加快形成节约资源、保护环境的生产生活方式。

表4-5　我国绿色制造相关战略规划及政策

序号	分类	名　称	发文机构	成文、发布或施行时间	相关内容
1	规划	国家"十二五"科学和技术发展规划	科学技术部	2011年7月13日	将"绿色制造"列为"高端装备制造业"领域六大科技产业化工程之一。研发高速列车谱系化和智能化、绿色产品设计、机器人模块化单元产品等重大关键技术，提升我国制造业的国际竞争力。重点发展先进绿色制造技术与产品，突破制造业绿色产品设计、环保材料、节能环保工艺、绿色回收处理等关键技术。开展绿色制造技术和绿色制造装备的推广应用和产业示范，培育装备再制造、绿色制造咨询与服务、绿色制造软件等新兴产业

序号	分类	名　称	发文机构	成文、发布或施行时间	相 关 内 容
2	规划	绿色制造科技发展"十二五"专项规划	科学技术部	2012 年 4 月 1 日	面向汽车、机械、家电、流程工业等国民经济支柱产业以及废旧家电与电子产品拆解与资源化、装备再制造等循环经济新兴产业需求，以制造业绿色化为目标，开展绿色制造基础理论和共性技术研究，典型绿色新产品、新工艺、新装备研制，形成绿色制造理论、技术和标准体系，开发出一批具有典型创新性和示范性的产品、工艺和重点装备，实施应用工程和产业示范，带动传统产业资源节约和环境友好提升，支撑节能环保战略性新兴产业的发展，增强量大面广出口产品跨越绿色贸易壁垒的基础能力
3		中国制造 2025	国务院	2015 年 5 月 8 日	将"全面推行绿色制造"作为战略任务和重点之一。要求加大先进节能环保技术、工艺和装备的研发力度，加快制造业绿色改造升级；积极推行低碳化、循环化和集约化，提高制造业资源利用效率；强化产品全生命周期绿色管理，努力构建高效、清洁、低碳、循环的绿色制造体系
4		工业绿色发展规划（2016—2020 年）	工业和信息化部	2016 年 6 月 30 日	要求紧紧围绕资源能源利用效率和清洁生产水平提升，以传统工业绿色化改造为重点，以绿色科技创新为支撑，以法规标准制度建设为保障，实施绿色制造工程，加快构建绿色制造体系，大力发展绿色制造产业，推动绿色产品、绿色工厂、绿色园区和绿色供应链全面发展，建立健全工业绿色发展长效机制，提高绿色国际竞争力，走高效、清洁、低碳、循环的绿色发展道路
5		"十三五"国家科技创新规划	国务院	2016 年 7 月 28 日	发展智能绿色服务制造技术。其中要求：发展绿色制造技术与产品，重点研究再设计、再制造与再资源化等关键技术，推动制造业生产模式和产业形态创新
6		装备制造业标准化和质量提升规划	国家质检总局、国家标准化管理委员会、工业和信息化部	2016 年 8 月 1 日	实施绿色制造标准化和质量提升工程：完善绿色制造标准体系，推进节能减排标准化，推动绿色制造标准实施及效果评估。依据标准积极推进绿色产品及认证、绿色工厂和绿色园区建设，推广绿色产品

（续）

序号	分类	名　　称	发文机构	成文、发布或施行时间	相　关　内　容
7	规划	绿色制造工程实施指南（2016—2020 年）	工业和信息化部	2016 年 9 月 14 日	围绕"传统制造业绿色化改造示范推广""资源循环利用绿色发展示范应用""绿色制造技术创新及产业化示范应用""绿色制造体系构建试点"等提出了具体的工作部署，并根据行业现状调研和现有先进适用技术推广普及后的效果预测，确定了各项工作的具体目标
8		"十三五"国家战略性新兴产业发展规划	国务院	2016 年 11 月 29 日	推动新能源汽车、新能源和节能环保产业快速壮大，构建可持续发展新模式。以绿色低碳技术创新和应用为重点，引导绿色消费，推广绿色产品，大幅提升新能源汽车和新能源的应用比例，全面推进高效节能、先进环保和资源循环利用产业体系建设
9		"十三五"先进制造技术领域科技创新专项规划	科技部	2017 年 4 月 14 日	急需发展先进绿色制造技术与产品，突破制造业绿色产品设计、环保材料、节能环保工艺、绿色回收处理等关键技术，支撑制造业可持续发展
10	绿色制造体系建设政策	绿色制造标准体系建设指南	工业和信息化部、国家标准化管理委员会	2016 年 9 月 7 日	分析了国内外绿色制造政策规划要求、产业发展需求和标准化工作基础，将标准化理论与绿色制造目标相结合，提出了绿色制造标准体系框架，梳理了各行业绿色制造重点领域和重点标准
11		关于开展绿色制造体系建设的通知	工业和信息化部	2016 年 09 月 20 日	以促进全产业链和产品全生命周期绿色发展为目的，以企业为建设主体，以公开透明的第三方评价机制和标准体系为基础，保障绿色制造体系建设的规范和统一，以绿色工厂、绿色产品、绿色园区、绿色供应链为绿色制造体系的主要内容。加强政府引导和公众监督，提升绿色制造专业化、市场化公共服务能力，促进形成市场化机制，建立高效、清洁、低碳、循环的绿色制造体系，把绿色制造体系打造成为制造业绿色转型升级的示范标杆、参与国际竞争的领军力量
12		环境保护部推进绿色制造工程工作方案	环境保护部	2016 年 12 月 6 日	到 2020 年，基本实现我国环境管理从末端治理向全流程管理转变，促进大气、水、土壤污染防治行动计划所涉及的重点污染行业中的企业实现绿色化、清洁化改造，打造一大批具有核心竞争力的绿色制造企业和清洁生产工业园区，推动绿色供应链建设，全面提升工业企业的清洁生产水平，减少重点行业的污染物产生量和排放量，促进环境质量明显改善

序号	分类	名　称	发文机构	成文、发布或施行时间	相 关 内 容
13	绿色制造体系建设政策	关于构建市场导向的绿色技术创新体系的指导意见	国家发展改革委、科学技术部	2019年4月15日	指明了绿色技术创新体系的基本要求，突出了绿色技术创新的市场导向，强化了市场在创新体系中的作用，有助于推动绿色技术创新与产业发展、生态文明建设现实需求相结合。提出开展绿色技术创新"十百千"行动，即培育10个年产值超过500亿元的绿色技术创新龙头企业，支持100家企业创建国家绿色企业技术中心，认定1000家绿色技术创新企业
14		关于加快建立绿色生产和消费法规政策体系的意见	国家发展改革委、司法部	2020年3月11日	主要任务包括推行绿色设计，强化工业清洁生产，发展工业循环经济，加强工业污染治理，促进能源清洁发展，推进农业绿色发展，促进服务业绿色发展，扩大绿色产品消费以及推行绿色生活方式等内容
15	绿色设计产品政策	关于开展工业产品生态设计的指导意见	工业和信息化部、国家发展改革委、环境保护部	2013年1月30日	引导企业开展工业产品生态设计，促进生产方式、消费模式向绿色低碳、清洁安全转变。以产品全生命周期资源科学利用和环境保护为目标，组织开展工业产品生态设计试点、编制重点产品生态设计标准、建立产品生态设计评价监督机制、夯实生态设计基础、推进技术开发应用等重点工作
16		生态设计示范企业创建工作方案	工业和信息化部	2014年7月2日	以探索建立我国工业产品生态设计的激励机制和推行模式，引导工业污染防治从"末端治理"向"全生命周期控制"转变为目标，在资源消耗高、环境污染重、产业关联度大、产品影响广泛的工业行业，选择一批代表性强、产品市场影响力大、设计开发基础好、管理水平高、经济实力强的企业，开展生态设计示范企业创建试点工作
17		关于推进贸易高质量发展的指导意见	中共中央、国务院	2019年11月19日	鼓励企业进行绿色设计和制造，构建绿色技术支撑体系和供应链，并采用国际先进环保标准，获得节能、低碳等绿色产品认证，实现可持续发展
18	绿色供应链政策	关于开展三绿工程试点工作的指导意见	商务部	2012年10月10日	以加快转变经济发展方式为主线，以保障绿色消费和发展绿色低碳经济为目标，以推广绿色低碳采购、培育绿色低碳市场（饭店）、提倡绿色低碳消费为重点，打造一批上联生产、下联消费的绿色低碳供应链，培育一批绿色低碳品牌和供应商，促进形成绿色低碳可持续的生产模式、流通方式和消费行为

（续）

序号	分类	名　称	发文机构	成文、发布或施行时间	相关内容
19	绿色供应链政策	企业绿色采购指南（试行）	商务部、环境保护部、工业和信息化部	2014年12月22日	解释了绿色采购和绿色供应链的含义，指出其适用范围；规定企业采购应遵循的原则；给出了绿色采购理念和绿色采购方案应包括的内容，鼓励企业建立完善的绿色采购体系；鼓励企业采购绿色产品、绿色原材料及绿色服务，并明确绿色产品及绿色服务应符合的条件，同时指出企业不宜采购的产品；鼓励企业制定绿色供应商筛选和认定条件，并通过多种途径公开筛选和认定条件；对优选供应商和不宜选择的供应商分别进行了说明，并鼓励企业建立供应商监督体系
20		关于积极推进供应链创新与应用的指导意见	国务院	2017年10月13日	推行产品全生命周期绿色管理，在汽车、电器电子、通信、大型成套装备及机械等行业开展绿色供应链管理示范。强化供应链的绿色监管，探索建立统一的绿色产品标准、认证、标识体系，鼓励采购绿色产品和服务，积极扶植绿色产业，推动形成绿色制造供应链体系
21		关于开展供应链创新与应用试点的通知	商务部、工业和信息化部、生态环境部、农业农村部、人民银行、国家市场监管总局、中国银行保险监督管理委员会和中国物流与采购联合会	2018年4月10日	发展全过程全环节的绿色供应链体系。推动深化政府绿色采购，行政机关和使用财政资金的其他组织应当优先采购和使用节能、节水、节材等环保产品、设备和设施，并建立相应的考核体系。研究制定重点产业企业绿色供应链构建指南，建立健全环保信用评价、信息强制性披露等制度，依法依规公开供应链全环节的环境违法信息。支持环境保护技术装备、资源综合利用和环境服务等环境保护产业的发展。加大对绿色产品、绿色包装的宣传力度，鼓励开展"快递业＋回收业"定向合作，引导崇尚自然、追求健康的消费理念，培育绿色消费市场
22	资源循环利用政策	报废机动车回收管理办法	国务院	2019年4月22日	明确了报废机动车回收（含拆解，下同）的监管部门，国家对报废机动车回收企业实行资质认定制度。报废机动车回收企业对回收的报废机动车应当逐车登记，并依照相关法律法规进行处理

序号	分类	名　称	发文机构	成文、发布或施行时间	相　关　内　容
23	资源循环利用政策	再生资源回收管理办法	商务部、国家发展改革委、公安部、建设部、国家工商总局、国家环保总局	2007 年 5 月 1 日起施行，2019 年 11 月 1 日修订	再生资源包括废旧金属、报废电子产品、报废机电设备及其零部件、废造纸原料（如废纸、废棉等）、废轻化工原料（如橡胶、塑料、农药包装物、动物杂骨、毛发等）、废玻璃等。国家鼓励以环境无害化方式回收处理再生资源，鼓励开展有关再生资源回收处理的科学研究、技术开发和推广。对经营规则和处罚措施做了相应规定，同时明确相关部门监督管理职责
24		关于推进再制造产业发展的意见	国家发展改革委、科学技术部、工业和信息化部、公安部、财政部、环境保护部、商务部、海关总署、国家税务总局、国家工商总局、国家质检总局	2010 年 5 月 13 日	确定推进再制造产业发展的重点领域，包括深化汽车零部件再制造试点和推动工程机械、机床等再制造。提出加强再制造技术创新、加快再制造产业发展的支撑体系建设、完善再制造产业发展的政策保障措施、加强对再制造产业发展的组织领导等要求
25		生产者责任延伸制度推行方案	国务院	2016 年 12 月 25 日	生产者责任延伸制度是指将生产者对其产品承担的资源环境责任从生产环节延伸到产品设计、流通消费、回收利用、废物处置等全生命周期的制度。要求加快建立生产者责任延伸的制度框架，不断完善配套政策法规体系，逐步形成责任明确、规范有序、监管有力的激励约束机制，通过开展产品生态设计、使用再生原料、保障废弃产品规范回收利用和安全处置、加强信息公开等，推动生产企业切实落实资源环境责任，提高产品的综合竞争力和资源环境效益，提升生态文明建设水平
26		循环发展引领行动	国家发展改革委、科学技术部、工业和信息化部、财政部、国土资源部、环境保护部、住房和城乡建设部、水利部、农业部、商务部、国资委、国家税务总局、国家统计局、国家林业局	2017 年 4 月 21 日	以资源高效和循环利用为核心，大力发展循环经济，强化制度和政策供给，加强科技创新、机制创新和模式创新，激发循环发展新动能，加快形成绿色循环低碳产业体系和城镇循环发展体系，夯实全面建成小康社会的资源基础，构筑源头减量全过程控制的污染防控体系，实现经济社会的绿色转型

（续）

序号	分类	名　称	发文机构	成文、发布或施行时间	相关内容
27	节能减排相关政策	能源效率标识管理办法	国家发展改革委、国家质检总局	2005年3月1日，2016年2月29日修订	能源效率标识是指表示用能产品能源效率等级等性能指标的一种信息标识，属于产品符合性标志的范畴。国家对节能潜力大、使用面广的用能产品实行统一的能源效率标识制度。国家发展改革委、国家质检总局和国家认监委负责能源效率标识制度的建立并组织实施
28		关于加强节能标准化工作的意见	国务院	2015年4月4日	要求创新节能标准化管理机制，健全节能标准体系，强化节能标准实施与监督，有效支撑国家节能减排和产业结构升级，为生态文明建设中奠定坚实基础。提出节能标准化工作到2020年的目标，强调坚持准入倒逼、标杆引领、创新驱动、共同治理的基本原则，明确了当前及今后一个时期三个方面的重点工作：创新工作机制；完善标准体系；强化标准实施。要求加大节能标准化科研支持力度，加快节能标准化人才培养步伐，抓紧研究制定具体实施方案
29		"十二五"节能减排综合性工作方案	国务院	2011年8月31日	强化节能减排目标责任，调整优化产业结构，实施节能减排重点工程，加强节能减排管理，大力发展循环经济，加快节能减排技术开发和推广应用，完善节能减排经济政策，强化节能减排监督检查，推广节能减排市场化机制，加强节能减排基础工作和能力建设，动员全社会参与节能减排
30		"十三五"节能减排综合工作方案	国务院	2017年1月5日	提出了"十三五"节能减排工作的主要目标、重要措施以及重点节能领域，对主要污染物减排、强化节能减排监督提出了具体要求，阐述了"十三五"节能减排重点工程，指出将完善节能减排支持政策，推行绿色消费，倡导全民参与
31	绿色产业政策	绿色产业指导目录（2019年版）	国家发展改革委、工业和信息化部、自然资源部、生态环境部、住房和城乡建设部、人民银行、国家能源局	2019年2月14日	提出绿色产业发展的重点，对绿色产业的范畴做出统一界别标准。涵盖节能环保、清洁生产、清洁能源、生态环境、基础设施绿色升级和绿色服务六大类，并细化出30个二级分类和211个三级分类，其中每一个三级分类均有详细的解释说明和界定条件，是目前我国关于界定绿色产业和项目最全面最详细的指引

▶▶▶ 4.3.2　我国现行绿色制造相关的法律法规与标准分析

▶▶ 1. 我国现行绿色制造相关的法律法规体系

1989年，我国颁布了《环境保护法》，确立了经济发展必须要同社会发展以及环境保护协调并进的总体方针，并成为绿色制造领域法律法规制定的参考和依据。我国现行的与绿色制造相关的法律有《循环经济促进法》《可再生能源法》《节约能源法》《环境保护法》《清洁生产促进法》《环境影响评价法》《水污染防治法》《大气污染防治法》《环境噪声污染防治法》《固体废物污染环境防治法》《环境保护税法》等一系列法律法规。从法律上，明确了保护环境是国家的基本国策和环境保护坚持保护优先、预防为主、综合治理、公众参与、污染者担责的原则，对污染防治、工业节能及工业固体废物防治、企业清洁生产和生产、流通和消费等过程的"减量化、再利用、资源化"、规划和建设项目的环境影响评估等提出了明确的要求。

因此，初步建立了涵盖资源利用，环境保护，监测、监督、税收、奖惩等功能的绿色制造法律法规体系（图4-9），使得推行绿色制造有法可依、有章可循。

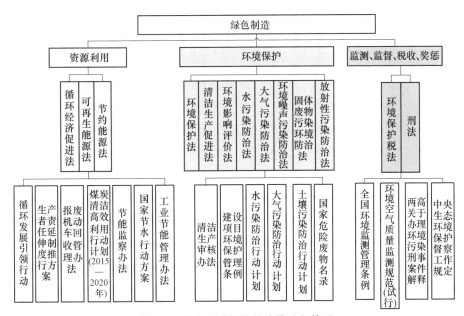

图4-9　绿色制造相关的法律法规体系

⧸⧸ 2. 我国现行绿色制造相关的标准体系

2016年，工业和信息化部与国家标准化管理委员会共同编制了《绿色制造标准体系建设指南》（工信部联节〔2016〕304号），明确了绿色制造标准体系的总体要求、基本原则、构建模型、建设目标、重点领域、重点标准建议和保障措施等，将标准化理论与绿色制造目标相结合，提出了绿色制造标准体系框架（图4-10），将绿色制造标准体系分为综合基础、绿色产品、绿色工厂、绿色企业、绿色园区、绿色供应链和绿色评价与服务七个子体系。

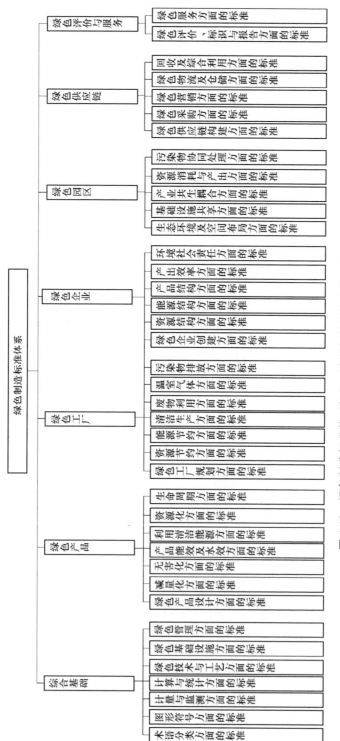

图 4-10　绿色制造标准体系框架（《绿色制造标准体系建设指南》）

其中，绿色产品、绿色工厂、绿色企业、绿色园区、绿色供应链子体系是绿色制造标准化建设的重点对象，综合基础和绿色评价与服务子体系提供基础设施、技术、管理、评价、服务方面的支撑。综合基础是绿色制造实施的基础与保障，产品是绿色制造的成果输出，工厂是绿色制造的实施主体和最小单元，企业是绿色制造的顶层设计主体，供应链是绿色制造各环节的链接，园区是绿色制造的综合体，服务与评价是绿色制造的持续改进手段。

同时，全国绿色制造技术标准化技术委员会也曾总结提出了绿色制造标准体系框架（图 4-11）。该标准体系框架以产品生命周期过程为主线，分为基础通用、绿色材料、绿色设计及评价、绿色制造加工、绿色流通、绿色使用与维修、回收利用及末端处置七个子体系；同时针对产品节能、拆解、循环利用等绿色性要求及评价标准需求，研制了机电产品绿色设计、拆解与再制造、材料利用率、生命周期评价、制造企业绿色供应链等国家标准 30 余项。

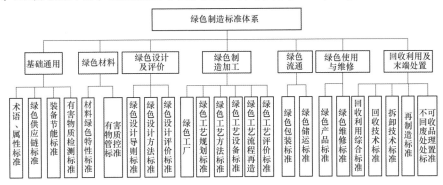

图 4-11 绿色制造标准体系框架（全国绿色制造技术标准化技术委员会）

此外，中国标准化研究院，针对废旧金属与合金、废塑料、废玻璃、废纺织品、废电子电器、废电池、废橡胶、废纸、废木质材料、报废汽车等资源的循环利用，提出了资源循环利用标准体系（图 4-12），由基础通用标准、废弃物回收标准、再使用标准、再制造标准、资源化利用标准、园区循环化建设和改造标准六个子体系构成。

4.3.3 我国绿色制造的发展沿革与工程实践现状

1. 我国绿色制造发展的三个阶段

回顾我国绿色制造的发展历程，可分为三个阶段（图 4-13）。

第一阶段，引入绿色制造理念。1997 年—2006 年，在国家自然科学基金的支持下，以高校和科研院所为主，引入了绿色制造理念，并开展绿色制造技术研究，主要以跟踪国际学术前沿为主。

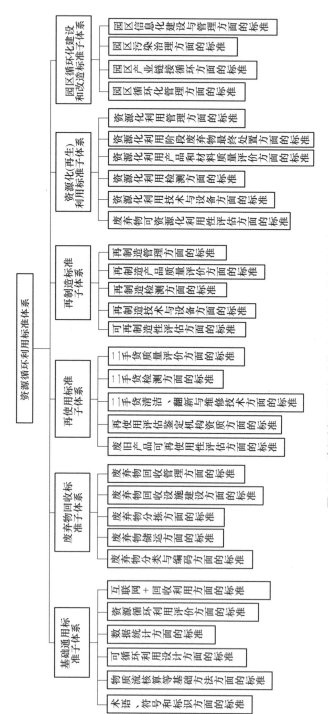

图 4-12　资源循环利用标准体系（中国标准化研究院）

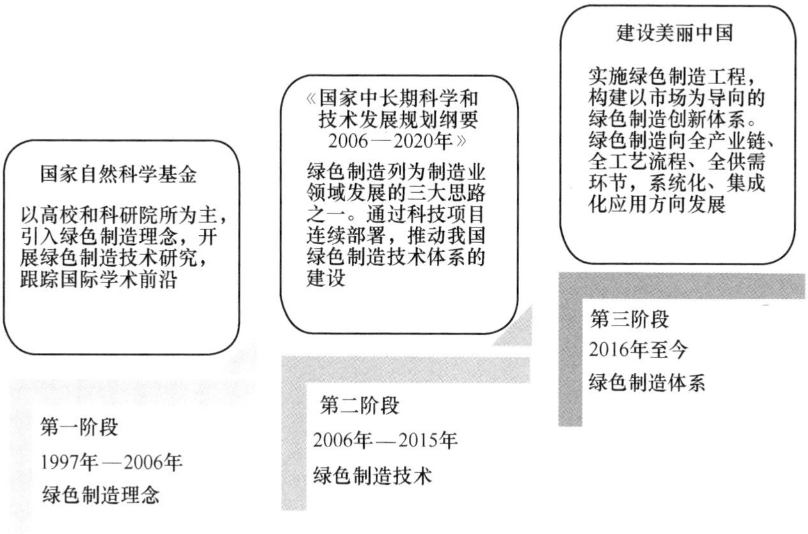

国家自然科学基金

以高校和科研院所为主，引入绿色制造理念，开展绿色制造技术研究，跟踪国际学术前沿

第一阶段
1997年—2006年
绿色制造理念

《国家中长期科学和技术发展规划纲要2006—2020年》

绿色制造列为制造业领域发展的三大思路之一。通过科技项目连续部署，推动我国绿色制造技术体系的建设

第二阶段
2006年—2015年
绿色制造技术

建设美丽中国

实施绿色制造工程，构建以市场为导向的绿色制造创新体系。绿色制造向全产业链、全工艺流程、全供需环节，系统化、集成化应用方向发展

第三阶段
2016年至今
绿色制造体系

图4-13　绿色制造发展阶段

第二阶段，发展绿色制造技术。2006年年初，国务院发布了《国家中长期科学和技术发展规划纲要（2006—2020年)》，将"积极发展绿色制造"作为制造业领域的三大发展思路之一。2006年年中，"国家科技支撑计划"设立了重大项目"绿色制造关键技术与装备"。通过"十一五""十二五"科技项目连续部署和《绿色制造科技发展"十二五"专项规划》的推动，围绕材料与产品开发设计、加工制造、销售服务及回收利用、再制造等绿色制造技术展开深入研究。

第三阶段，建设绿色制造体系。2016年至今，制造强国战略提出了全面推行绿色制造，实施绿色制造工程，构建以市场为导向的绿色制造创新体系。通过创建百家绿色园区、千家绿色工厂、万种绿色产品及绿色供应链，建立完善绿色制造标准体系及培育第三方评价服务机构等措施，努力构建高效、清洁、低碳、循环的绿色制造体系，绿色制造向全产业链、全工艺流程、全供需环节、系统化、集成化应用方向发展。

▶ 2. 我国绿色制造科技发展现状

（1）构建绿色制造技术体系　2006—2015年，科技部实施了"绿色制造关键技术与装备""国家科技支撑计划"重大项目和《绿色制造科技发展"十二五"专项规划》，在绿色设计与共性技术、绿色工艺、产品节能、绿色回收拆解与资源化、整机及零部件再制造等方面开展关键技术研究和应用示范。

通过连续10年科技项目支持，初步构建了以共性关键技术为基础，以传统产业绿色转型为抓手，以新兴产业绿色技术为突破口，以行业区域绿色技术产业化为重点的绿色制造技术支持体系，如图4-14所示，并在生命周期碳排放分

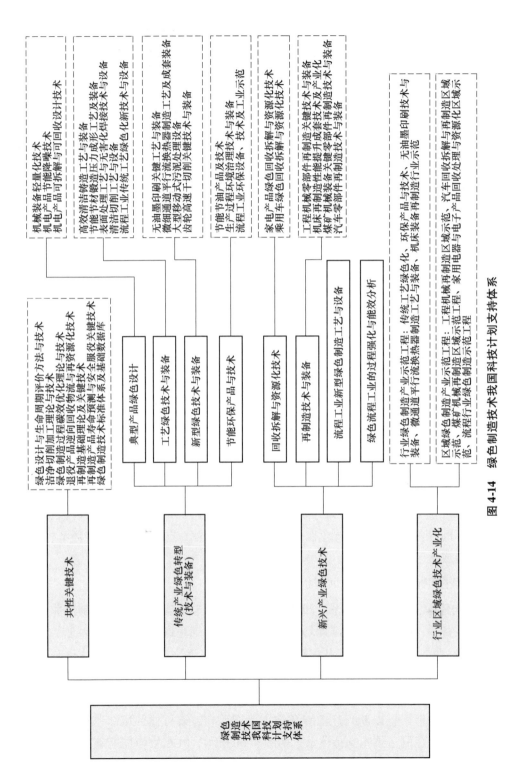

图 4-14　绿色制造技术我国科技计划支持体系

析与碳效优化理论、制造系统的能量效率及优化理论、产品全生命周期绿色评价及数据库建设，桥式起重机、工程机械、机床等产品的轻量化设计/可拆卸设计/减振降噪、重大装备安全服役与寿命预测和可靠性技术、基础标准和技术规范、疲劳试验及检测方法等绿色制造基础共性化方面取得了一批研究成果。

（2）主要绿色制造科技成果 "十二五"期间国家在先进制造领域设立了"绿色制造科技重点专项"，共安排了18个项目138个课题，中央财政投入6.99亿元，带动参加单位1：2.4的配套在绿色设计与共性技术、绿色工艺、产品节能、绿色回收拆解与资源化、整机及零部件再制造等方面开展关键技术研究和应用示范，并取得一批具有实际应用价值的研究成果，特别是在绿色设计与共性技术、绿色工艺技术及装备、绿色拆解回收与再资源化、整机及零部件再制造等方面，部分关键技术与装备取得了突破并实现应用示范。主要研究成果如下：

1）在绿色设计与评价方面，开展了工程机械、通用型桥式起重机、超大压力容器及机床的轻量化设计技术研究，解决产品笨重、材料和能源消耗高、产品的技术附加值低等问题，从而达到减少原材料和能源消耗的目的。针对典型轻量化工程机械整机产品和关键零部件，提出典型产品的安全可靠性评价方法，构建轻量化工程机械安全可靠性试验平台，开展安全可靠性试验验证，为工程机械产品的轻量化设计提供试验与评价技术支撑；研究制冷类家电产品易拆解、可回收设计技术与方法体系，建立了制冷类家电产品易拆解、可回收设计支撑数据库，并对典型机电产品全生命周期环境影响数据库和全生命周期评价系统进行了研究。

2）在绿色工艺技术及装备方面，主要开展了精密铸造工艺、精确锻造成形工艺、无害化焊接工艺、环保型表面处理技术、清洁切削工艺等方面的研究。研发出筒子纱自动化节水染色工艺技术，实现了筒子纱染色从原纱到成品的全过程筒子纱绿色化自动染色生产；开发了数字化无模铸造精密成形技术及装备、节能精密电渣熔铸工艺及设备、铸件废屑回收熔炼技术及设备；开展了面向低碳制造的机械加工工艺过程能量需求建模和数控机床运动能量供给建模，通过评估不同工艺方案的机械加工工艺过程能耗，建立机械加工工艺能耗关于加工参数的函数模型，支持通过优化工艺参数减少制造过程能耗；研发出无害化钎焊材料，开发了焊接材料高效成型技术；开发了高速干切削滚齿工艺技术、高速干切削滚齿机和刀具，消除切削液的使用及导致污染的生产设备。

3）在资源回收再利用方面，针对家电、机床、汽车、工程机械等领域开展资源回收再利用技术研究，开发出废旧冰箱无害化处理、空调铜铝分离、废旧线路板电子元器件拆解、电子元器件全自动无损分类分拣、压缩机开壳拆解等一批专用设备，建成废旧家电回收处理试验基地；对数控重型卧车、落地镗床、龙门镗铣床等重型机床，及滚齿机、数控车床等开展了再制造成套技术研究，建成若干个机床再制造产业化基地，实现批量生产；开展了汽车绿色拆解与再利用关键技术与装备研究，开发了废油、废液、燃料、制冷剂的一体化回收、深度拆解、安全气囊引爆等新设备，建立了内外饰件非金属材料大规模破碎、分选、高附加值再利用新工艺；开发出程机械零部件再制造新材料和再制造新工艺，建立了工程机械零件磨损、腐蚀和疲劳剩余寿命评估体系，实现了典型零件的剩余寿命评估。

3. 绿色制造工程实施现状

（1）全面推进绿色制造体系建设　制造强国战略提出构建高效、清洁、低碳、循环的绿色制造体系。《绿色制造工程实施指南（2016—2020年）》提出了以企业为主体，以标准为引领，以绿色产品、绿色工厂、绿色工业园区、绿色供应链为重点，以绿色制造服务平台为支撑，推行绿色管理和认证，加强示范引导，全面推进绿色制造体系建设（图4-15）。

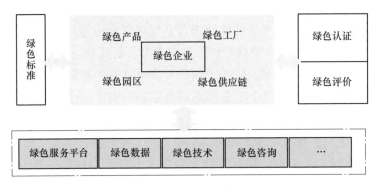

图4-15　绿色制造体系图

2016年9月20日工业和信息化部发布的《关于开展绿色制造体系建设的通知》（工信厅节函〔2016〕586号）中明确了实现绿色制造体系建设目标的具体措施（图4-16）。它主要通过在机械、电子、化工、食品、纺织、家电、大型成套装备的领域开展绿色制造体系建设示范和绿色制造系统集成项目，从绿色设计、关键工艺突破、绿色供应链的三个主攻方向，推动绿色产品、绿色工厂、绿色园区以及绿色供应链的建设，形成推动行业绿色发展的绿色制造标准、评价体系、可推广可复制的绿色制造典型模式，最终实现绿色制造体系建设目标。从2016年开始，工业和信息化部通过开展体系建设示范、实施系统集成项目、遴选系统解决方案供应商等措施，推动"百千万"绿色制造工程体系建设，并取得了较好的效果。

（2）绿色制造体系建设主要成果　截止到 2020 年 3 月，全国 63 个省/市制定了绿色制造体系建设方案，工业和信息化部实施了 366 个绿色制造重点项目，培育了 113 家绿色制造系统解决方案供应商、110 家工业节能与绿色发展评价中心，230 家机构中标成为国家重点节能诊断服务机构，建设了绿色工厂 1402 家、绿色园区 119 家，开发了 1097 种绿色产品，打造了绿色供应链管理企业 90 家，遴选发布了首批 61 家工业产品绿色设计示范企业，实施了 715 项标准研究项目，推动制定发布了 127 项绿色设计产品评价标准，遴选发布了 413 项国家工业节能技术装备和"能效之星"产品，促进高效节能技术装备推广应用，绿色制造体系逐步构建起来。

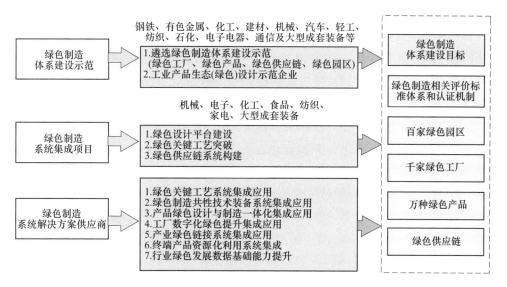

图 4-16　工业和信息化部绿色制造体系构建的主要措施

1）在绿色制造体系建设示范方面。2016 年—2020 年，工业和信息化部共开展了五批绿色制造名单推荐工作，2016 年和 2017 年分两批遴选培育了 110 个工业节能与绿色发展评价中心，制定了绿色工厂评价要求、绿色园区评价要求、绿色供应链管理评价要求、绿色制造体系评价参考程序，明确了评价指标、评价方法、评价程序。

绿色工厂是制造业的生产单元，是绿色制造的实施主体，属于绿色制造体系的核心支撑单元，侧重于生产过程的绿色化。电子、机械、化工、建材、食品、轻工、汽车、纺织、有色、医药、钢铁、造纸、综合利用、矿山、船舶 15

个重点行业已创建绿色工厂，绿色工厂数量位列前三位的分别为江苏省、广东省和山东省。

绿色产品是以绿色制造实现供给侧结构性改革的最终体现，侧重于产品全生命周期的绿色化。绿色产品认定名单主要涉及石化行业、钢铁行业、有色行业、建材行业、机械行业、轻工行业、纺织行业、电子行业、通信行业9个行业127类1097种产品。

绿色园区是突出绿色理念和要求的生产企业和基础设施集聚的平台，侧重于园区内工厂之间的统筹管理和协同链接。推动园区绿色化，要在园区规划、空间布局、产业链设计、能源利用、资源利用、基础设施、生态环境、运行管理等方面，构建布局集聚化、结构绿色化、链接生态化等特色的绿色园区。119家绿色园区数量位居前三位的分别为江苏、安徽、山东。

在绿色供应链管理企业方面，90家绿色供应链管理企业主要分布于电子、汽车、机械、钢铁、纺织、水泥、轻工、冶金、建材9大行业，其中电子行业绿色供应链管理企业数量远远高于其他行业，遍布全国25个省市区，其中浙江、广东、江苏、山东和福建五省的绿色供应链示范企业数量在全国处在领先位置。

2）在绿色制造系统集成项目方面。2016年—2018年重点在机械、电子、食品、纺织、化工、家电、大型成套装备等行业，支持绿色设计平台建设、绿色关键工艺突破、绿色供应链系统构建三个方向366个项目，涉及联合体单位近1500家，项目总投资超过830亿元（图4-17）。

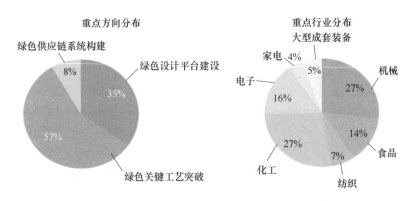

图4-17　绿色制造系统集成项目方向、行业分布情况

绿色设计平台建设，通过在产品设计开发、原料选择、生产工艺验证、包装优化、回收利用等多个环节的实践，构建产品全生命周期管理的绿色设计平台，对能量流、物质流进行精益化绿色管理，通过产品绿色设计升级拉动绿色设计和绿色工艺技术一体化提升，共同开发一批绿色化特征鲜明、相对于传统产品提升显著的产品，创建一批绿色设计示范线和产品验证生产设施，建成具有行业代表性的绿色设计信息数据库、绿色设计评价工具和平台等。

绿色关键工艺突破，在实施覆盖全部工艺流程和工序环节的绿色化改造升级的同时，进一步聚焦高技术含量、高可靠性要求、高附加值特性或服务支撑多行业、多领域的绿色关键工艺技术或核心共性装备、材料等，开展绿色制造关键工艺技术装备的创新突破、集成应用和体系化推广，实施一批绿色制造关键工艺技术装备产业化重点项目，解决关键工艺流程或工序环节绿色化程度不高的问题。

绿色供应链系统构建，突出牵头企业对产业链上下游的影响力和带动性，确定和实施企业绿色供应链管理战略，完善管理制度，明确部门职责，围绕采购、设计、生产、销售、物流、使用、回收处理等重点环节，制定一批绿色供应链标准，形成典型行业绿色供应链管理模式和实施路径。

3）在绿色制造系统解决方案供应商方面。2019年，工业和信息化部对绿色制造系统解决方案供应商进行公开招标，包括绿色关键工艺系统集成应用、绿色制造共性技术装备系统集成应用、产品绿色设计与制造一体化集成应用、工厂数字化绿色提升集成应用、产业绿色链接系统集成应用、终端产品资源化利用系统集成、行业绿色发展数据基础能力提升七个大的重点方向，首批遴选了113家绿色制造系统解决方案供应商。

本章附录　绿色制造细分主题的文献检索分析

以下文献检索分析的检索时间为2019年10月—11月，检索数据库为Web of Science核心合集数据库。

附录A　绿色设计文献检索分析

为揭示绿色设计的研究现状，对绿色设计及其细分领域进行了检索分析。

图4-18展示了近20年绿色设计主题的发文量及其被引频次随着年份的分布情况。可以看出，绿色设计相关研究在2005年之后呈现了近似于指数型的爆发增长。

如图4-19所示，从发文的国家和地区角度来看，美国在"绿色设计"主题的发文量和被引频次均位居第一；尽管中国大陆的发文量位居第二，在被引频次上低于英国（发文量只有中国大陆发文量的1/3），位列第三。值得注意的是，尽管部分发达国家和地区（比如德国、意大利等）的人口不多，但其发文量的占比依旧很高，这说明了发达国家和地区的科研机构非常关注绿色设计。

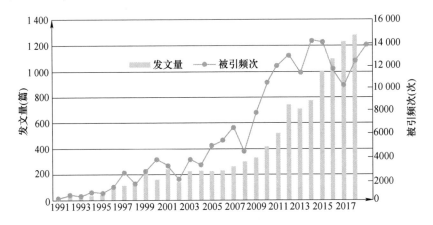

图4-18 "绿色设计"主题——发文量与被引的总体现状与趋势

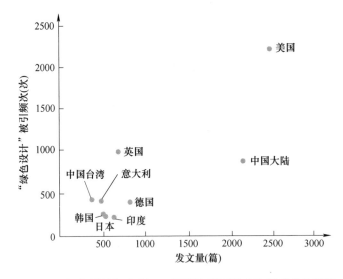

图4-19 "绿色设计"主题——国家和地区发文和被引总体现状

如图4-20所示，将绿色设计文献分为2000年及以前、2001年—2005年、2006年—2010年、2011年—2015年以及2016年—2019年5个时间段，可以看出：一方面，2010年及以前绿色设计的发文量和被引情况相对稳定，之后，"绿色设计"主题的发文量和被引频次均发生了非常大的增长；另一方面，2016年—2019年，中国大陆在"绿色设计"领域的英文发文量和被引频次均经历了较高的增长，其中发文量已超过美国，位列第一，被引频次已超过英国和德国，并快速逼近位列第一的美国。

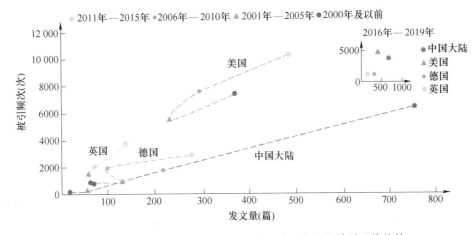

图4-20 "绿色设计"主题——国家和地区发文和被引总体趋势

图4-21展示了"绿色设计"主题中各期刊发文量及其被引频次的关系；其中，横坐标是各个期刊关于绿色设计的发文量，纵坐标是各个期刊发表的关于绿色设计论文的被引频次。从发文期刊来看，位列第一的 *Journal of Cleaner Production* 在发文量和被引频次上远远超过其他期刊。由此可以看出，发文量越高的期刊与绿色设计主题越相关；被引频次越高的期刊，其发文质量越高。图中各个期刊名的缩写见表4-6。

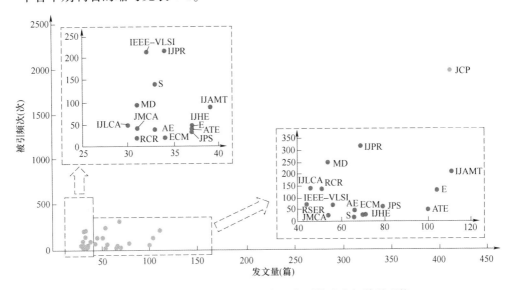

图4-21 "绿色设计"主题——部分期刊的发文与被引现状

表 4-6　期刊全称与缩写

期 刊 全 称	期 刊 缩 写
Applied Energy	AE
Applied Mechanics and Materials	AMM
Advanced Materials Research	AMR
Applied Thermal Engineering	ATE
Bioresource Technology	BT
Construction and Building Materials	CBM
Computers & Chemical Engineering	CCE
Chemical Engineering Research & Design	CERD
Computers Industrial Engineering	CIE
CIRP Annals-Manufacturing Technology	CIRP A. MT
Computers Operations Research	COR
Clean Technologies and Environmental Policy	CTEP
Energy	E
Energy and Buildings	EB
Energy Conversion and Mangement	ECM
European Journal of Operational Research	EJOR
Energy Policy	EP
Environmental Science Technology	EST
Environmental Technology	ET
IEEE International Symposium on Electronics and the Environment	IEEE-ISEE
IEEE Journal of Solid-state Circuits	IEEE-JSSC
IEEE Transactions on Very Large Scale Integration (VLSI) Systems	IEEE-VLSI
International Journal of Advanced Manufacturing Technology	IJAMT
International Journal of Computer Integrated Manufacturing	IJCIM
International Journal of Hydrogen Energy	IJHE
International Journal of Life Cycle Assessment	IJLCA
International Journal of Physical Distribution Logistics Management	IJPDLM
International Journal of Production Economics	IJPE
International Journal of Production Research	IJPR
Industrial & Engineering Chemistry Research	INCR
Journal of Alloys and Compounds	JAC
Journal of Cleaner Production	JCP

期刊全称	期刊缩写
Journal of Engineering Design	JED
Journal of Hazardous Materials	JHM
Journal of Industrial Ecology	JIE
Journal of Materials Chemistry A	JMCA
Journal of Materials Processing Technology	JMPT
Journal of Power Sources	JPS
Transportation Research Part E：Logistics and Transportation Review	LTR
Materials & Design	MD
Omega International Journal of Management Science	OMEGA-IJMS
Procedia CIRP	P. CIRP
Proceedings of the Institution of Mechanical Engineers Part B-Journal of Engineering Manufacture	PARTB-JEM
Robotics and Computer-integrated Manufacturing	RC-IM
Production Planning Control	PPC
Resources Conservation and Recycling	RCR
Renewable & Sustainable Energy Reviews	RSER
Sustainability	S
Supply Chain Management	SCM
Supply Chain Management an International Journal	SCM. IJ
The Science of the Total Environment	STE
Waste Management	WM
Waste Management New York，N Y	WM-NY
Waste Management Research	WMR
Waste Management Research：the Journal of the International Solid Wastes and Public Cleansing Association，ISWA	WMR-J

从绿色设计的细分领域来看，如图4-22所示，接近一半的绿色设计研究集中在绿色设计工具与方法，对于轻量化设计、节能化设计、模块化绿色设计、面向产品生命周期设计以及绿色材料选择等是绿色设计占比较大的细分领域。

从绿色设计各个细分领域近年来（2011年—2018年）的发文趋势和被引趋势来看（图4-23），绿色设计工具与方法、模块化绿色设计、节能化设计等方面的研究发文和被引均比较稳定，轻量化设计以及绿色材料设计的发文和被引均在快速增长。

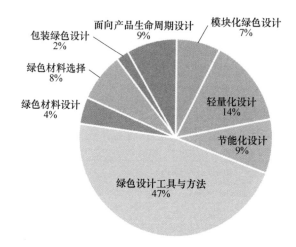

图4-22 "绿色设计"主题——各细分领域发文现状

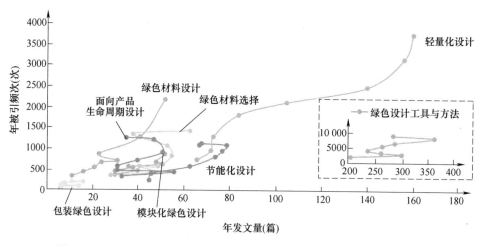

图4-23 "绿色设计"主题——各细分领域近年来的发文趋势和被引趋势

▶附录B 绿色生产文献检索分析

为揭示绿色生产的研究现状,对绿色生产及其细分领域进行了检索分析。

图4-24展示了自1996年以来"绿色生产"主题的发文量及其被引频次的分布情况;可以看出,"绿色生产"相关研究在2005年以前处于起步阶段,并在之后10年时间里呈现了近似于指数型爆发增长。

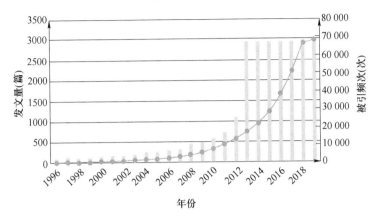

图4-24 "绿色生产"主题——发文量与被引的总体现状与趋势

从发文的国家和地区角度来看（图4-25），美国在"绿色生产"主题的被引频次位居第一；中国大陆的发文量位居第一，但在被引频次方面依旧低于美国，位列第二。其他部分发达国家和地区（比如英国、德国、意大利等）的发文量占比依旧很高。

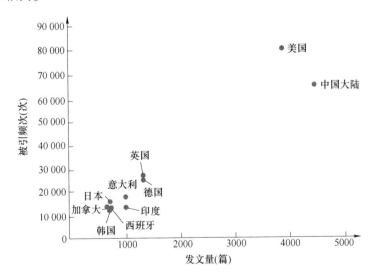

图4-25 "绿色生产"主题——国家和地区发文和被引总体现状

图4-26展示了发文量排在前列的中国大陆、美国、英国、德国以及印度在2000年至2018年的年发文量和年被引频次的变化情况和趋势。可以看出：一方面，中国大陆和美国在年发文量和年被引频次上均远远高于其他国家和地区；

中国大陆在2012年的年发文量首次超过美国，位居第一，并年被引频次于2018年首次超过美国位列第一。另一方面，从斜率上来看，2017年以前，中国大陆"绿色生产"领域的年被引频次与年发文量之比远远低于其他4个国家和地区，而在2018年实现了首次超越。

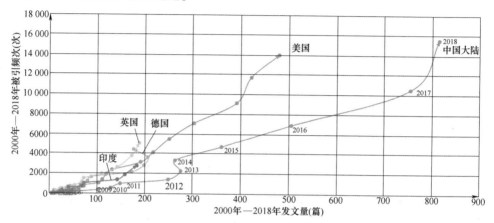

图4-26 "绿色生产"主题——国家和地区发文和被引总体趋势

从发文期刊来看，如图4-27所示，位列第一的 *Journal of Cleaner Production* 在发文量和被引频次远远超过其他期刊。图中，横坐标是各个期刊关于绿色生产的发文量，纵坐标是各个期刊发表的关于绿色生产论文的被引频次。由此可以看出，发文量越高的期刊与"绿色生产"主题越相关；被引频次越高的期刊，其发文质量越高。

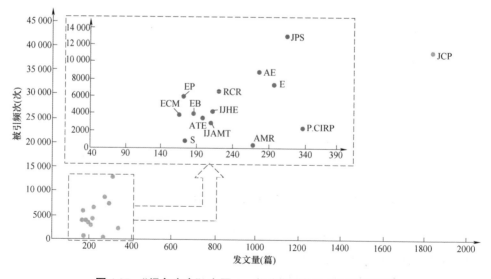

图4-27 "绿色生产"主题——部分期刊的发文与被引现状

从"绿色生产"的细分领域来看，如图 4-28 所示，"制造系统能量效率与低碳制造"主题的发文量最多，达到了 38%；"制造过程材料效率与废弃物处理""绿色工艺"以及"降污减排与清洁生产"等细分领域的发文量相对接近，即 20% 左右。

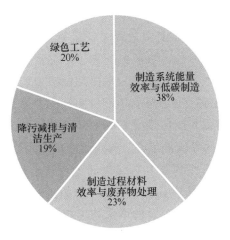

图 4-28 "绿色生产"主题——各细分领域发文现状

如图 4-29 所示，从"绿色生产"各个细分领域近几年的发文趋势和被引趋势来看，四类细分领域均经历了较高速的发文增长和被引增长，其中"制造系统能量效率与低碳制造"主题的发文增长和被引增长最显著；但值得注意的是，尽管"制造系统能量效率与低碳制造"以及"制造过程材料效率与废弃物处理"

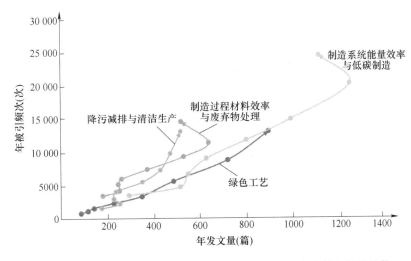

图 4-29 "绿色生产"主题——各细分领域近几年发文趋势和被引趋势

两个主题的被引趋势处于快速增长阶段，但其发文量在 2018 年经历了较显著的下滑；同时以"绿色工艺"和"降污减排与清洁生产"为主题的论文和被引在持续增长。

▶附录 C　绿色运维文献检索分析

绿色运维是设备和产品在使用过程中的运行和维修维护，以取得在经济、环境和社会方面的平衡。绿色运维服务应基于产品或设备设施等资产的生命周期、不断更新的使能技术和运维理念，来提高制造业的绿色度。绿色运维不仅是维修和保养设备的服务，也是减少环境负面影响、推动制造业可持续绿色发展的重要活动。运维过程对制造绩效、周围环境和社会的影响具有多样性，但是绿色运维对环境的正面影响常常被忽视或低估。

为揭示绿色运维的研究现状，对绿色运维及其细分领域进行了检索分析。如图 4-30 所示，从文章及其被引频次随着年份的分布情况可以看出，"绿色运维"主题的年发文量和年被引频次的增长速度相对缓慢，整体的发文量和被引频次相对较低。

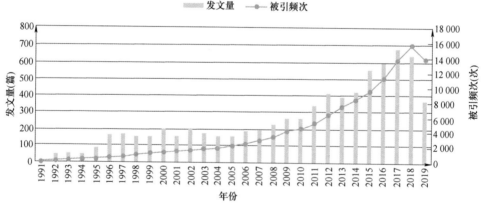

图 4-30　"绿色运维"主题——发文量与被引的总体现状与趋势

从发文的国家和地区角度来看，美国在"绿色运维"主题的发文量和被引频次均位居第一，远远高于发文量位列第二的中国大陆以及被引频次位列第二的英国。而意大利、法国、日本、加拿大、印度以及瑞士的发文量和被引频次相对接近，但与德国相比，还有一定的差距，如图 4-31 所示。

图 4-32 展示了发文量排在前列的中国大陆、美国、英国以及德国在 2001 年—2018 年的年发文量和年被引频次的变化情况和趋势。可以看出：一方面，

美国和中国大陆在年发文量和年被引频次上均远远高于其他国家和地区；另一方面，年发文量和年被引频次角度来看，各个国家和地区对"绿色运维"主题的研究热度相对稳定。

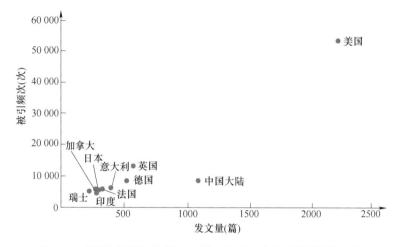

图4-31 "绿色运维"主题——国家和地区发文和被引总体现状

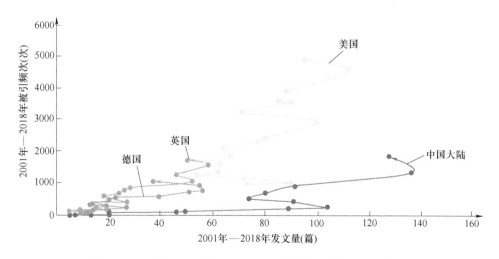

图4-32 "绿色运维"主题——国家和地区发文和被引总体趋势

从发文期刊来看，如图4-33所示，同样，位列第一的 *Journal of Cleaner Production* 在被引频次远远超过其他期刊，但发文量低于排名第一的 *Procedia CIRP*。

从绿色运维的细分领域来看，如图4-34所示，"绿色维护"主题的发文量最多，达到了70%；其次是"绿色维修"主题（20%），但"产品服务系统"主题相关的研究相对较少，只占了10%。

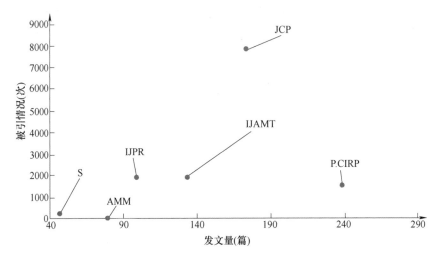

图 4-33 "绿色运维" 主题——部分期刊的发文与被引现状

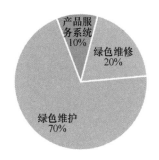

图 4-34 "绿色运维" 主题——各细分领域发文现状

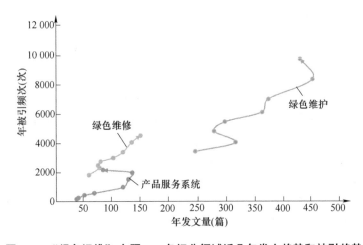

图 4-35 "绿色运维" 主题——各细分领域近几年发文趋势和被引趋势

从绿色运维各个细分领域（近几年）发文趋势和被引趋势来看，各主题均经历了较高速的发文增长和被引增长，其中"绿色维护"主题的发文增长和被引增长最显著，但"绿色维护"和"产品服务系统"两个主题的发文量在2018年经历了较显著的下滑。

▶附录D 绿色回收与再制造文献检索分析

为揭示绿色回收与再制造的研究现状，从"包装绿色回收""产品绿色回收""再制造"以及"报废品绿色处理"四个方面进行了检索，相应的分析结果如下：

如图4-36所示，从文章及其被引频次随着年份的分布情况可以看出，"绿色回收与再制造"在近十年时间里呈现了较显著的增长，并且年发文量在2015年突破了1000篇，并在2018年年被引频次突破了5万次。由此可以看出该主题的研究属于当前热点。

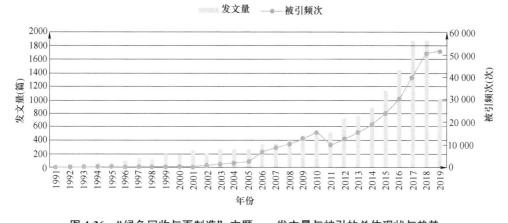

图4-36 "绿色回收与再制造"主题——发文量与被引的总体现状与趋势

从发文的国家和地区角度来看，美国在"绿色回收与再制造"主题的发文量和被引频次均位居第一；中国大陆发文量和被引频次均位居第二，且在被引频次方面与美国有不小的差距。其他几个发文量排名前十的国家和地区，其被引频次和发文量都比较相近，但与中国大陆和美国的差距比较明显，如图4-37所示。

图4-38展示了发文量排在前列的中国大陆、美国、英国以及德国在2001年—2018年的年发文量和年被引频次的变化情况和趋势。可以看出：一方面，中国大陆和美国在近几年的年发文量和年被引频次上均远远高于其他国家和地区；尽管中国大陆近几年的年发文量都超过美国，但年被引频依旧低于美国。

另一方面，从斜率上来看，2013 年以前，中国大陆"绿色回收与再制造"领域的年被引频次与年发文量之比远远低于其他 3 个国家和地区，之后便进入快速增长期。

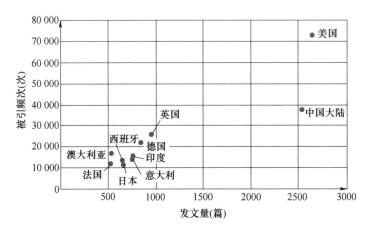

图 4-37 "绿色回收与再制造"主题——国家和地区发文和被引总体现状

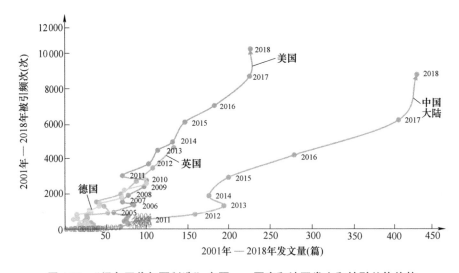

图 4-38 "绿色回收与再制造"主题——国家和地区发文和被引总体趋势

从发文期刊来看，如图 4-39 所示，位列第一的 *Journal of Cleaner Production* 在发文量和被引频次远远超过其他期刊。图中，横坐标是各个期刊关于"绿色回收与再制造"的发文量，纵坐标是各个期刊发表的关于"绿色回收与再制造"论文的被引频次。由此可以看出，发文量越高的期刊与"绿色回收与再制造"主题越相关；被引频次越高的期刊，其发文质量越高。

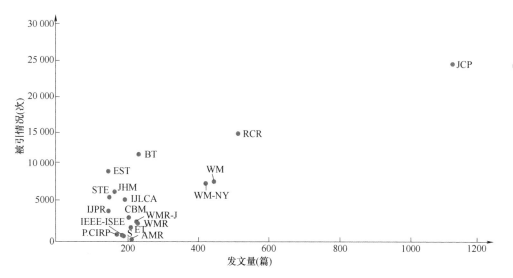

图4-39 "绿色回收与再制造"主题——部分期刊的发文与被引现状

从"绿色回收与再制造"的细分领域来看,如图4-40所示,"产品绿色回收"以及"报废品绿色处理"主题的发文量占比较大,分别达到了49%和32%;对于"再制造"以及"包装绿色回收"等细分领域的发文量相对较少,只占到9%、10%。

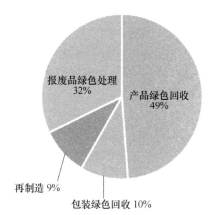

图4-40 "绿色回收与再制造"主题——各细分领域发文现状

图4-41显示了"绿色回收与再制造"各个细分领域近几年的发文趋势和被引趋势,可见,四类细分领域均经历了较高速的发文增长和被引增长;但值得注意的是,四类主题的研究年发文量在2018年并未显著增长,而是趋于稳定。

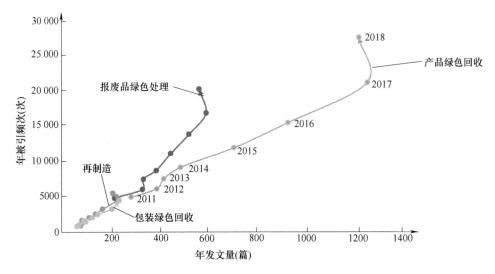

图4-41 "绿色回收与再制造"主题——各细分领域近几年发文趋势和被引趋势

▷附录E 绿色供应链文献检索分析

为揭示绿色供应链的研究现状，对绿色供应链及其细分领域进行了检索分析。

图4-42反映了"绿色供应链"主题自1996年的年发文量和年被引频次分布情况。可以看出，相对其他几个绿色制造研究主题而言，"绿色供应链"主题的发文增长趋势不是非常突出，最高年发文量尚未突破1000篇。但值得注意的是，近年来该主题下的年被引频次经历了较快速的增长。

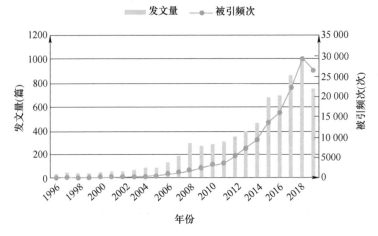

图4-42 "绿色供应链"主题——年发文量与年被引频次

从发文的国家和地区角度来看，中国大陆在"绿色供应链"主题领域的发文量第一，但被引频次低于美国，位列第二。前十位中的其他几个国家和地区的发文量和被引频次相对接近，但与中国大陆和美国的差距较大，如图4-43所示。

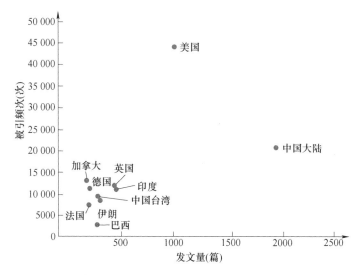

图4-43 "绿色供应链"主题——国家和地区发文和被引总体现状

图4-44展示了发文量排在前列的中国大陆、美国、印度以及英国在2001年—2018年的年发文量和年被引频次的变化情况和趋势。可以看出：中国大陆和美国在年发文量和年被引频次上均远远高于其他国家和地区；2014年以前，中国大陆年发文量排名第一或靠前，但年被引频次非常低；近五年来，中国大陆

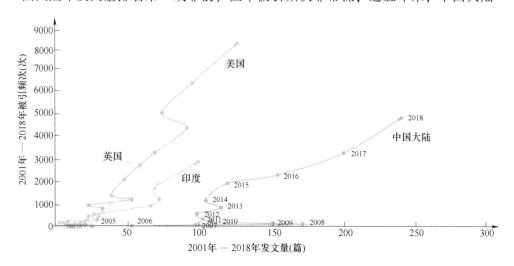

图4-44 "绿色供应链"主题——国家和地区发文和被引总体趋势

的年发文量和年被引频次均经历了较高的增长，但从斜率上来看，中国大陆的绿色供应链领域的年被引频次与年发文量之比还远远低于美国。

从发文期刊来看，如图 4-45 所示，位列第一的 *Journal of Cleaner Production* 在发文量和被引频次远远超过其他期刊；同时 *International Journal of Production Economics* 和 *European Journal of Operational Research* 在被引频次上均有较突出的表现。图 4-45 中，横坐标是各个期刊关于"绿色供应链"的发文量，纵坐标是各个期刊发表的关于"绿色供应链"论文的被引频次。由此可以看出，发文量越高的期刊与"绿色供应链"主题越相关；被引频次越高的期刊，其发文质量越高。

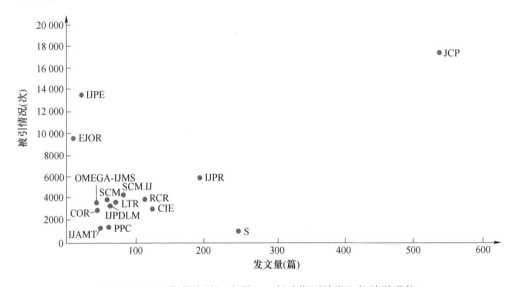

图 4-45 "绿色供应链"主题——部分期刊的发文与被引现状

从"绿色供应链"的细分领域来看，如图 4-46 所示，"绿色物流"和"绿色供应链管理"领域的发文量最为突出，发文量占比分别为 44% 和 40%；同时也存在较多文献对"绿色营销"（9%）以及"绿色采购"（7%）进行了研究。

图 4-47 显示了"绿色供应链"各个细分领域（近几年）的发文趋势和被引趋势。各细分领域的年发文量和年被引频次均经历了较高速的增长。其中"绿色供应链管理"主题的发文增长和被引增长最显著；但值得注意的是，尽管"绿色供应链（管理）"主题的被引趋势处于快速增长阶段，但其发文量在 2018 年并未显示较显著的增长；同时，以"绿色采购"和"绿色营销"主题下的年发文量在 2016 年开始逐年微跌或零增长局面。

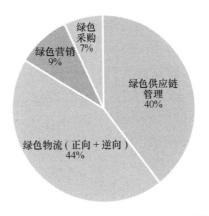

图 4-46 "绿色供应链"主题——各细分领域发文现状

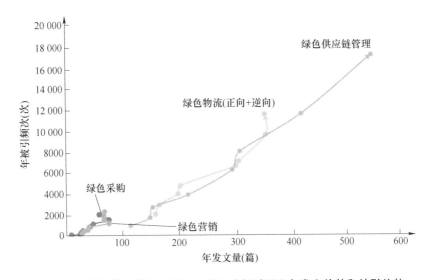

图 4-47 "绿色供应链"主题——各细分领域近几年发文趋势和被引趋势

▶附录 F 产品生命周期管理文献检索分析

产品生命周期管理技术，以产品生命周期建模、评价、数据管理等为主。该领域的文献检索分析结果如下。

从文章及其被引频次随着年份的分布情况可以看出，产品生命周期管理在近 20 年时间里呈现了较显著的增长，并且发文量在 2017 年达到峰值，接近 1600 篇；但值得注意的是，尽管 2018 年被引频次依旧快速增长，但年发文量有所下跌，2019 年下跌更多，如图 4-48 所示。

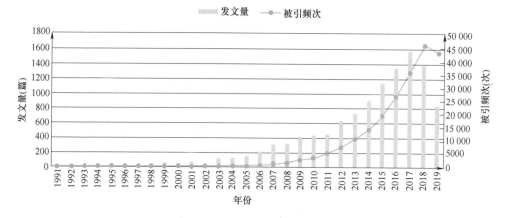

图4-48 "产品生命周期管理"主题——发文量与被引的总体现状与趋势

从发文的国家和地区角度来看，如图4-49所示，美国在"产品生命周期管理"主题的发文量和被引频次均位居第一，都远远超过前十位中的其他九位；中国大陆则在发文量方面位居第二，而在被引频次方面与英国、德国、新西兰等发文量小于中国大陆的差不多。由此可见，中国大陆在此领域的研究优势并不明显。

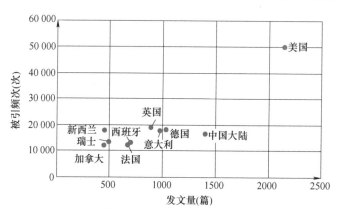

图4-49 "产品生命周期管理"主题——国家和地区发文和被引总体现状

图4-50展示了发文量排在前五的美国、中国大陆、英国、德国以及意大利在2001年—2018年的年发文量和年被引频次的变化情况和趋势。可以看出：美国在近几年的年发文量和年被引频次上均远远高于其他国家和地区；尽管中国大陆近几年的年发文量都超过英国、德国和意大利，但年被引频次依旧没有显著优势。

从发文期刊来看，如图4-51所示，位列第一的 *Journal of Cleaner Production* 在发文量和被引频次上远远超过其他期刊；其次表现比较突出的是 *International*

Journal of Life Cycle Assessment。

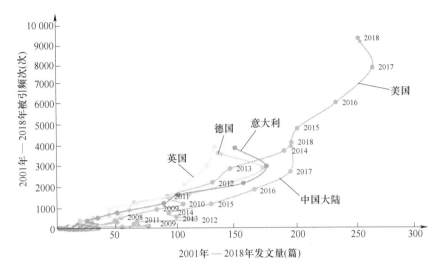

图4-50 "产品生命周期管理"主题——国家和地区发文和被引总体趋势

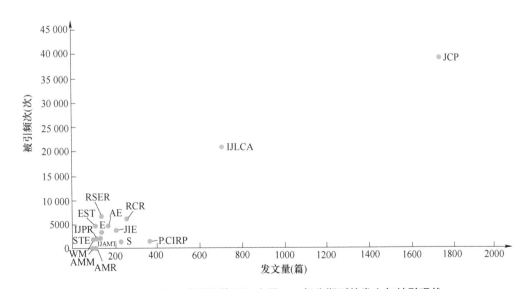

图4-51 "产品生命周期管理"主题——部分期刊的发文与被引现状

参 考 文 献

[1] 刘飞. 绿色制造 [C] //全国先进生产模式与制造哲理研讨会论文集. 北京: 中国机械工程学会生产工程分会, 1997: 15-24.

[2] 刘飞, 曹华军, 张华. 绿色制造的理论与技术 [M]. 北京: 科学出版社, 2005.

[3] MOLDAVSKA A, WELO T. The concept of sustainable manufacturing and its definitions: a content-analysis based literature review [J]. Journal of Cleaner Production, 2017, 166: 744-755.

[4] BURCHART-KOROL D. Green manufacturing based on life cycle assessment (LCA) [J]. Transport and Logistics, 2011, 9: 55-60.

[5] ALLWOOD J. Sustainable manufacturing: what would make a big enough difference? [EB/OL]. [2020-04-08]. https://www.nist.gov/news-events/events/2009/05/sustainable-manufacturing-what-would-make-big-enough-difference.

[6] SANGWAN K S. Development of a multi criteria decision model for justification of green manufacturing systems [J]. International Journal of Green Economics, 2011, 5 (3): 285-305.

[7] DRIZO A, PEGNA J. Environmental impacts of rapid prototyping: an overview of research to date [J]. Rapid Prototyping Journal, 2006, 12 (2): 64-71.

[8] MARTA R, MICHELE G, ALESSANDRA Z. Review of ecodesign methods and tools: barriers and strategies for an effective implementation in industrial companies [J]. Journal of Cleaner Production, 2016, 129: 361-373.

[9] AHMAD S, WONG K Y, TSENG M L, et al. Sustainable product design and development: a review of tools, applications and research prospects [J]. Resources, Conservation and Recycling, 2018, 132: 49-61.

[10] LI Z, GÓMEZ J M, PEHLKEN A. A systematic review of environmentally conscious product design [C] // EnviroInfo and ICT for Sustainability 2015. Paris: Atlantis Press, 2015: 197-206.

[11] DE SILVA N, JAWAHIR I S, DILLON O, et al. A new comprehensive methodology for the evaluation of product sustainability at the design and development stage of consumer electronic products [J]. International Journal of Sustainable Manufacturing, 2009, 1 (3): 251-264.

[12] JAYAL A D, BADURDEEN F, DILLON O W, et al. Sustainable manufacturing: modeling and optimization challenges at the product, process and system levels [J]. CIRP Journal of Manufacturing Science and Technology, 2010, 2 (3): 144-152.

[13] FRANCIOSI C, IUNG B, MIRANDA S, et al. Maintenance for sustainability in the industry 4.0 context: a scoping literature review [J]. IFAC-Papers On Line. 2018, 51 (11): 903-908.

[14] 中国机械工程学会再制造工程分会. 再制造技术路线图 [M]. 北京：中国科学技术出版社，2016.

[15] KERIN M, PHAM D T. A review of emerging industry 4.0 technologies in remanufacturing [J]. Journal of Cleaner Production, 2019, 237：117805.

[16] DE OLIVEIRA U R, ESPINDOLA L S, DA SILVA I R, et al. A systematic literature review on green supply chain management：research implications and future perspectives [J]. Journal of Cleaner Production, 2018, 187：537-561.

[17] ANSARI Z N, KANT R. A state-of-art literature review reflecting 15 years of focus on sustainable supply chain management [J]. Journal of Cleaner Production, 2017, 142：2524-2543.

[18] ELKINS P, JOYEETA G, PIERRE B. Global environment outlook：GEO-6：healthy planet, healthy people [M]. London：Cambridge University Press, 2019.

[19] UNEP. Global outlook on sustainable consumption and production policies：taking action together [EB/OL]. [2020-04-08]. https：//sustainabledevelopment. un. org/index. php? page = view&type = 400&nr = 559&menu = 1515.

[20] UNIDO. Green industry-policies for supporting green industry [EB/OL]. [2020-01-08]. https：//www. greengrowthknowledge. org/research/unido-green-industry-% E2% 80% 93-policies-supporting-green-industry.

[21] 工业和信息化部国家标准化管理委员会. 绿色制造标准体系建设指南 [EB/OL]. [2020-02-15]. https：//www. miit. gov. cn/jgsj/jns/lszz/art/2020/art_ 45ddc921d4bd40fd831db-2ff3bdfa85c. html.

[22] ISO. The ISO Survey of management system standard certifications [EB/OL]. [2020-01-08]. https：//www. iso. org/the-iso-survey. html.

[23] 经合组织. 可持续制造 [EB/OL]. [2020-03-18]. https：//www. oecd. org/innovation/green/toolkit/.

[24] 宋天虎，汪晓光. 绿色制造再思考 [R]. 南京：2019 年绿色制造国际会议，2019.

[25] 李冬茹. 中国绿色制造技术研究进展与发展趋势 [J]. 机械工程导报，2014 (4)：7.

[26] 汪晓光. 我国工业绿色制造体系建设现状分析 [J]. 机电产品开发与创新，2018, 31 (4)：1-3, 23.

[27] 邱城. 绿色制造标准现状及发展重点 [R]. 潍坊：2017 年绿色制造国际会议，2017.

[28] 张华，张绪美，赵刚. 绿色制造 [M]. 北京：中国环境出版社，2017.

[29] 美国卓越制造协会. 绿色制造：企业如何实现可持续发展 [M]. 赵道致，纪方，译. 北京：人民邮电出版社，2010.

[30] 全国绿色制造技术标准化技术委员会. 中国装备绿色制造标准化探索与实践 [M]. 北京：中国质检出版社，2016.

[31] 科技部. 绿色制造科技发展"十二五"专项规划 [EB/OL]. [2020-02-16]. http：//www. most. gov. cn/tztg/201204/t20120424_ 93837. htm.

[32] 工业和信息化部. 绿色制造工程实施指南（2016—2020 年）[EB/OL]. [2020-12-23].
http：//www. miit. gov. cn/n973401/n1234620/n1234623/C554210/part/5542109pdf.

[33] 工业和信息化部. 工业绿色发展规划（2016—2020 年）[EB/OL]. [2020-12-23].
http：//www. scio. gov. cn/xwFbh/xwbfbh/wqfbh/33978/34888/xgzc34894/Document/
1484864/1484864. htm.

[34] 科技部. "十三五"先进制造技术领域科技创新专项规划 [EB/OL]. [2020-02-16].
http：//www. gov. cn/xinwen/2017-05/02/content_5190479. htm.

[35] 环境保护部. 环境保护部推进绿色制造工程工作方案 [EB/OL]. [2020-02-16].
http：//www. cmra. cn/cmra/zhengcefagui/20161213/232108. html.

[36] 方杰. 绿色制造技术联盟 [M]. 昆明：云南科技出版社，2012.

[37] 向东，汪劲松，段广洪. 绿色产品生命周期分析工具开发研究 [J]. 中国机械工程，
2002（20）：56-60，5.

[38] 李方义，段广洪，汪劲松，等. 产品绿色设计评估建模 [J]. 清华大学学报（自然科
学版），2002（6）：783-786.

[39] 向东，段广洪，汪劲松. 产品全生命周期分析中的数据处理方法 [J]. 计算机集成制
造系统，2002（2）：150-154.

[40] 向东，段广洪，汪劲松，等. 公理性设计在绿色工艺选择中的应用 [J]. 中国机械工
程，2000（9）：21-23，27，4.

[41] 李方义，刘钢，汪劲松，等. 模糊 AHP 方法在产品绿色模块化设计中的应用 [J]. 中
国机械工程，2000（09）：46-49，5-6.

[42] 唐涛，刘志峰，刘光复，等. 绿色模块化设计方法研究 [J]. 机械工程学报，2003
（11）：149-154.

[43] 刘光复，刘学平，刘志峰. 绿色设计的体系结构及实施策略 [J]. 中国机械工程，
2000（09）：14-17，4.

[44] 刘志峰，刘光复. 绿色产品设计与可持续发展 [J]. 机械设计，1997（1）：2-4.

[45] 宋守许，刘志峰，刘光复. 绿色产品设计的材料选择 [J]. 机械科学与技术，1996
（1）：40-44.

[46] 张惠萍，高栋. 数控铣削加工过程碳排放量影响因素的分析 [J]. 机械制造与自动化，
2013，42（2）：29-31.

[47] 陈铭，王俊军. 报废汽车的回收利用：法规、管理与展望 [J]. 上海交通大学学报，
2014，48（1）：125-131.

[48] 范军锋，陈铭. 中国汽车轻量化之路初探 [J]. 铸造，2006（10）：995-998，1003.

[49] 杨明，陈铭. 再制造发动机全生命周期评估 [J]. 机械设计，2006（3）：8-10.

[50] 江志刚，张华. 绿色再制造管理层次网络分析模型及应用 [J]. 系统工程与电子技术，
2008，30（12）：2417-2420.

[51] 江志刚，张华，肖明. 面向绿色制造的生产过程多目标集成决策模型及应用 [J]. 机

械工程学报，2008（4）：41-46.

[52] 江志刚，张华，曹华军，等．面向绿色制造的工艺规划数据库系统研究［J］．机械，2005（5）：42-45.

[53] 李涛，孔露露，张洪潮，等．典型切削机床能耗模型的研究现状及发展趋势［J］．机械工程学报，2014，50（7）：102-111.

[54] 何彦，王乐祥，李育锋，等．一种面向机械车间柔性工艺路线的加工任务节能调度方法［J］．机械工程学报，2016，52（19）：168-179.

[55] 何彦，林申龙，王禹林，等．数控机床多能量源的动态能耗建模与仿真方法［J］．机械工程学报，2015，51（11）：123-132.

[56] 徐锋，顾新建，纪杨建，等．基于低碳约束的产品概念设计方法研究［J］．机械工程学报，2013，49（7）：58-65.

[57] 陈芨熙，顾新建．新的制造战略：绿色制造［J］．中国机械工程，1997（3）：94-96，122.

[58] 袁松梅，朱光远，王莉．绿色切削微量润滑技术润滑剂特性研究进展［J］．机械工程学报，2017，53（17）：131-140.

[59] 袁松梅，刘思，严鲁涛．低温微量润滑技术在几种典型难加工材料加工中的应用［J］．航空制造技术，2011（14）：45-47.

[60] 夏绪辉，刘飞．逆向供应链物流的内涵及研究发展趋势［J］．机械工程学报，2005（4）：103-109.

[61] 夏绪辉，刘飞，尹超，等．供应链、逆向供应链管理与企业集成［J］．计算机集成制造系统，2003（8）：652-656.

[62] 李方义，李剑峰，汪劲松，等．产品绿色设计研究现状及展望：一般理论及方法［J］．航空制造技术，2004（10）：73-78.

[63] 徐滨士，董世运，朱胜，等．再制造成形技术发展及展望［J］．机械工程学报，2012，48（15）：96-105.

[64] 徐滨士，朱胜，马世宁，等．装备再制造工程学科的建设和发展［J］．中国表面工程，2003（3）：1-6.

[65] 徐滨士，马世宁，刘世参，等．绿色再制造工程设计基础及其关键技术［J］．中国表面工程，2001（2）：12-15，2.

[66] 赵曦，邱城．热处理工艺绿色性评价系统的研究［J］．机电产品开发与创新，2014，27（2）：1-3.

[67] 邱城，方杰，裴方芳，等．机械行业产排污系数核算与应用初探［C］．中国环境科学学会．2008中国环境科学学会学术年会优秀论文集：下卷．北京：中国环境科学学会，2008：600-604.

第 5 章

——

绿色制造技术的研究与发展趋势

5.1 绿色制造技术的研究与发展趋势概述

▶▶ 1. 绿色制造的总体发展趋势概述

绿色制造技术的研究与发展的总体趋势可用全球化、社会化、集成化、并行化以及智能化这"五化"来简要描述，具体如下：

（1）全球化 绿色制造技术的研究和应用中将越来越呈现全球化的特征和趋势。

绿色制造的全球化特征体现在许多方面。首先，制造业对环境的影响往往是超越空间的，人类需要团结起来，保护我们共同拥有的唯一的地球。其次，一系列绿色制造相关国际标准的陆续出台，也为绿色制造的全球化研究和应用奠定了很好的基础；但一些标准尚需进一步完善，也还缺乏许多新的绿色制造标准，这些都有待于全球化的共同研究和制定。同时，随着近年来全球化市场的形成，绿色产品的市场竞争也是全球化的。

最后，越来越多的国家对进口产品要进行绿色性认定，要有"绿色标志"。绿色制造将为我国企业提高产品绿色性提供技术手段，从而为我国企业开展"绿色标志"认定、进入国际市场提供有力的支撑。这也从另外一个角度说明了全球化的特点。

（2）社会化 全社会的绿色共识和相互协作，对于实施绿色制造将更加重要。

首先，实施绿色制造需要全社会达成绿色共识，要认识国家提出的"绿色发展"的内涵，要积极践行"绿色发展"的理念；绿色制造问题只有进行时没有完成时，只有全社会的持续参与才能逐步解决。

其次，绿色制造的研究和实施需要全社会的共同参与和协作，以建立绿色制造所必需的社会支撑系统。绿色制造涉及的社会支撑系统包括立法和行政规定问题、用市场经济机制对绿色制造实施导向、促进企业产品和用户形成新型关系、推动产业园区形成共存共生等，均是十分复杂的问题，其中又包含大量的相关技术问题，均有待于深入研究。

（3）集成化 将更加注重产品生命周期集成、制造系统集成和产业集成的研究。

要真正有效地实施绿色制造，必须从系统的角度、集成的角度以及产业的角度来考虑和研究绿色制造中的有关问题。绿色集成制造技术、绿色集成制造系统以及绿色制造技术产业化将可能成为今后绿色制造研究的热点。

一方面，绿色制造的实施和应用需要更加注重产品生命周期集成。以机床能耗与能效优化为例，材料能耗、制造能效、维护能效、使用能效（服役能效）、回收处理与再制造能耗、下一生命周期能耗与能效，需要通过机床绿色设计和废旧机床绿色再设计等来集成化考虑。

另一方面，绿色制造的实施需要从一个集成化的制造系统角度来推行，该系统至少包括产品绿色设计系统、绿色生产系统等多项绿色制造功能系统以及制造过程系统、质量保证系统、物能资源系统、环境影响评估系统等功能支持系统以及企业信息系统。

此外，绿色制造涉及制造过程的方方面面，因此绿色制造技术的落地实施将往产业化以及产业集成方向发展。当前，已初步形成了以绿色产品制造业、支撑绿色制造技术实施的软件及服务产业、资源循环利用产业为代表的绿色制造技术产业集成。

（4）并行化　绿色并行工程将可能成为绿色产品开发的有效模式。

绿色设计今后仍将是绿色制造中的关键技术。绿色设计今后的一个重要趋势就是与并行工程的结合，从而形成一种新的产品设计和开发模式——绿色并行工程。绿色并行工程又称为绿色并行设计，是现代绿色产品设计和开发的新模式。它是一个系统方法，以集成的、并行的方式设计产品及其生命周期全过程，力求使产品开发人员在设计一开始就考虑到产品整个生命周期中从概念形成到产品报废处理的所有因素，包括质量、成本、进度计划、用户要求、环境影响、资源消耗状况等。

绿色并行工程涉及一系列关键技术，包括绿色并行工程的协同组织模式、协同支撑平台、绿色设计的数据库和知识库、设计过程的评价技术和方法、绿色并行设计的决策支持系统等。许多技术有待于今后的深入研究。

（5）智能化　人工智能和智能制造技术将在绿色制造研究和应用中发挥重要作用。

一方面，绿色制造的决策目标体系是现有制造系统 TQCS（即时间 T、质量 Q、成本 C 和服务 S）目标体系与环境负面影响 E 和资源利用率 R 的集成，即形成了 TQCSRE 的决策目标体系。要优化这些目标，是一个难以用一般数学方法处理的十分复杂的多目标优化问题，需要用人工智能的方法来支撑处理。

另一方面，绿色产品评估指标体系及评估专家系统，均需要人工智能和智能制造技术。基于知识系统、模糊系统和神经网络等的人工智能技术将在绿色制造研究开发中起到重要作用，如在制造过程中应用专家系统识别和量化产品设计、材料消耗和废弃物产生之间的关系，运用这些关系来比较产品的设计和制造对环境的影响，使用基于知识的原则来选择实用的材料等。

此外，绿色制造的实施还涉及产品生命周期中的海量数据，大数据分析技术和数据管理技术可为绿色制造有效实施提供重要支撑。比如制造装备的绿色设计、绿色运维以及绿色再制造等技术，需要捕获、处理以及分析制造装备设计数据、制造数据、服役阶段的海量数据等。近年来，正在发展的基于数字孪生的数据分析和管理技术，可为制造装备全生命周期的绿色优化提供支持。其中许多绿色智能技术有待于今后的深入研究。

▶▶ **2. 绿色制造的关键技术发展趋势概述**

在上述绿色制造总体发展趋势的基础之上，本书从产品生命周期过程中的几项关键技术中提炼出以下五个方面的绿色制造关键技术发展趋势：

（1）机械制造绿色材料与工艺创新 随着社会各方对生态环境的关注越来越多，环境友好、高效低成本的绿色材料及工艺技术，已然成为绿色制造战略的必然需求和核心驱动力，也是引发工业绿色革命的技术基础（参见第5.2节）。

（2）产品绿色设计支持系统的集成化与行业化 产品绿色设计存在设计方法多元、设计信息异构、设计流程并行的特点，涵盖人员、组织、方法技术、功能、信息数据、环境生态等多方面要素。如何从集成的角度，全面综合考虑产品生命周期的各个阶段各个环节，建立集成绿色设计方法、绿色基础数据以及绿色设计工具的产品绿色设计支持系统，是绿色设计技术领域的一大发展趋势。另外，由于制造业各个行业及其产品特征具有较突出的差异性，针对具体行业建立其特有的产品绿色设计支持系统的需求，日渐突出（参见第5.3节）。

（3）资源循环利用技术的智能化与产业化 资源循环利用技术，一方面需要通过强化技术装备支撑，提高退役机电产品智能高效、循环高值利用水平，推进资源再生利用产业规范化、规模化发展；另一方面需要通过大力发展再制造产业，实施高端再制造、智能再制造、在役再制造，推进再制造产业的规模化发展（参见第5.4节）。

（4）制造系统及装备全生命周期的绿色优化 制造系统及装备的设计、制造、服役以及再制造，往往耗费大量的资金、资源以及能源。针对这类资金密集型、资源密集型以及能源密集型制造系统及装备，如何研究其特有的制造系统及装备绿色设计技术、制造系统及装备绿色运行与维护技术、制造系统及装备绿色再制造技术以及制造系统及装备绿色技术的全生命周期集成，是当前绿色制造技术研究和发展的另一个趋势（参见第5.5节）。

（5）绿色制造技术服务的行业平台化 绿色制造技术涉及的数据量大、知识面广，制造企业难以独自支撑这些技术的研发和实施，同时政府部门制定绿色制造相关政策的难度也非常大。因此，未来可能面向具体的行业形成包括绿色设计服务平台、绿色生产服务平台、绿色供应服务平台、绿色运维服务平台、绿色回收与再制造服务平台等在内的绿色制造技术服务平台，为企业和政府实施绿色制造提供基础支撑（参见第 5.6 节）。

》3. 绿色制造技术的新兴产业发展趋势

随着绿色制造技术的不断研究和发展，绿色制造技术将形成一系列服务于绿色发展战略的新兴产业。其中，一个重要的里程碑是国家发展改革委会同有关部门研究制定了《绿色产业指导目录（2019 年版)》。总体而言，绿色制造技术将在以下三个方面形成较明显的产业发展趋势。

（1）绿色产品制造业　制造业不断研究、设计和开发各种绿色产品，以取代传统的资源消耗较多和对环境负面影响较大的产品，将使这方面的产业持续兴旺发展。以《绿色产业指导目录（2019 年版)》为例，绿色产品制造业主要包括高效节能装备制造、先进环保装备制造、新能源汽车和绿色船舶制造、新能源与清洁能源装备制造四大类以及高效发电机及发电机组制造、节能电机制造等 38 个小类。随着绿色产品制造业的不断发展，将涌现更多的新兴绿色产业。

（2）资源循环利用产业　近年来，随着资源循环利用技术不断发展和成熟，产品及装备再制造产业、废弃物绿色回收处理产业、废弃物绿色资源化产业以及绿色物流服务业等产业正在兴起。以汽车零部件及机电产品再制造装备制造产业为例，目前正在形成包括高效环保拆解清洗设备，纳米颗粒复合电刷镀、高速电弧喷涂、等离子熔覆等关键装备，微纳米表面工程、高密度能源的先进材料制备与成型一体化装备等装备制造产业。随着待循环利用的资源急剧增加，特别是稀土等稀有资源，资源循环利用产业将会得到高速发展。

（3）实施绿色制造的软件及服务产业　企业实施绿色制造，需要大量实施工具、软件产品以及各种行业服务平台，如计算机辅助绿色产品设计系统、绿色工艺规划系统、绿色制造决策系统、产品生命周期评估系统、国际标准认证支撑系统等。绿色制造技术的不断集成化和系统化，将会推动新兴软件产业及其伴随的绿色制造服务产业的形成。

5.2　机械制造绿色材料与工艺创新

》1. 概述与发展意义

机械制造绿色材料与工艺是指不论在制造过程中，还是产品使用过程以及产品回收再利用，所使用的材料与工艺无毒无害，材料可以回收利用，制造工艺实现清洁高效、节能减排，减少资源消耗、减少废弃物，使机械制造过程更加环保、更加绿色，更具有循环性与可持续发展性，促进制造业绿色发展，提升制造业竞争新优势。

一切创新为了人，一切发展为了人。要实现绿色制造，绿色材料与工艺是绿色制造的重要基础与保障，没有绿色材料和绿色制造工艺，就没有整个生产过程的绿色制造。不仅要考虑力学性能、工艺性能和使用性能，更要考虑社会效益与经济效益，尤其是环境适应性与协调性，整个机械制造过程和大自然和谐统一、融合共生发展，实现生态制造、绿色制造和幸福制造。绿色材料与工艺是解决制造业绿色发展的重要方法和途径，是实施绿色生产过程的重要基础、可持续发展的重要体现。发展绿色材料和工艺具有重大的社会经济意义和工程价值。

要实现绿色制造，就需要考虑如何把零部件造得出、造得精和造得好，主要表现为轻量化的结构设计、材料制备与机械制造一体化，通过多材料结构、多工艺复合以及创造新材料新工艺新装备可以实现绿色设计方案；在不断提高制造精度的同时，使精度与性能、精度与寿命、精度与质量的经济匹配性更好。最终通过数字化智能化使能工具与绿色材料、制造工艺及装备融合发展，实现机械制造发展成为绿色智能制造，更好地提升我国制造业装备及产品的国际竞争力，更好地为国民经济发展与重大工程建设贡献力量，为实现制造强国建设提供重要举措。

▶ 2. 发展现状

绿色制造与绿色发展已经成为世界各国的普遍共识，成为传统产业转型与优化升级、绿色发展新业态新模式新机制的重要举措。世界各国高度关注绿色制造，特别是工业发达国家和地区更是关注绿色材料与绿色制造工艺的创新发展及推广应用，绿色制造与绿色发展成为提升制造业国际竞争力和承担全球社会责任的重要体现，成为未来发展规划与发展战略的重要组成部分。

欧洲委员会 2020 年 3 月 11 日正式发布新一轮的《循环经济行动计划》（*New Circular Economy Action Plan*），即欧洲循环经济 2.0 政策，这是欧洲可持续增长的新议程、欧洲绿色新政的主要组成部分之一，也是欧洲新产业战略的重要组成部分。新计划将使循环经济成为生活的主流，加快欧洲经济的绿色转型，从产品设计到产品制造及使用过程进行循环改变，进一步减少资源消耗，减少废弃物。美国、日本、韩国和欧洲等发达国家与地区，发挥其绿色制造工艺、材料及装备优势，通过 RoHS 和 REACH 指令等有毒有害物质限制指令，如欧盟 WEEE，构建贸易壁垒。2018 年德国出台"高科技战略 2025"，加大促进科研和创新，增强德国核心竞争力，保证可持续发展，到 2025 年实现科研支出占 GDP 的 3.5%。其战略主要包括智能诊疗、环境治理、温室气体减排、循环经济等。发达国家和地区纷纷实施"再工业化"战略，重塑制造业竞争新优势，不断提升清洁、高效、低碳、循环等绿色理念、政策和法规的影响力。资源能源利用效率不仅成为衡量国家地区制造业竞争力的重要因素，而且直接影响到我国资源环境的战略安全、生态安全与社会安全。

我国在科学技术部、工业和信息化部等部委的绿色制造相关专项实施推动下，推动了绿色制造，包括传统制造工艺绿色化提升、绿色新材料替代；创新研发并突破和推广应用一批绿色新材料新工艺和新装备，建立起绿色制造车间、绿色制造工厂和绿色制造园区。通过实施绿色制造发展行动，进一步减少制造业废弃物和污染物的产生，最大限度实现少废或无废生产、清洁生产，提高制造过程中材料利用率、能源利用率等资源利用率。但与工业发达国家和地区相比，不论在绿色材料、绿色制造工艺方面，还是在绿色制造研发、绿色制造装备等方面，我国都存在很大差距，需要高度关注并重视绿色制造中的材料、工艺、装备及标准创新研究及推广应用，从绿色发展理念到绿色发展行动，为全球绿色制造、绿色发展提供中国特色绿色制造解决方案。

▶ 3. 发展趋势

绿色制造是工业转型升级的必由之路，绿色制造主要覆盖了绿色材料、绿色设计、绿色制造工艺、绿色制造装备以及回收再利用等方面的理论方法与关键技术。伴随着新材料技术发展、数字化智能化技术发展，材料-工艺-装备融合发展趋势将更加明显。

绿色材料与绿色制造工艺未来总体发展趋势是：①新材料新结构技术推进绿色材料、无模化轻量化技术推进绿色降耗、精密化复合化技术推进节能节材、短流程清洁化技术推进节能减排、数字化智能化技术推进转型升级；②解决全流程多尺度数值模拟理论、机械制造相关材料绿色化、制造装备绿色化、装备使用过程的绿色化理论方法以及再制造方法、无毒无害的机械制造用原辅材料的设计与制备理论等关键问题，开发数字化、智能化、绿色化的机械制造技术及装备。

例如，在多材料一体化复合成形方面，充分利用金属与树脂基复合材料优势，创新纤维金属层合板结构，与单一金属材料相比，纤维金属层合板的密度小，比强度、比模量高。与单一树脂基复合材料相比，其损伤容限高、抗冲击性能和抗湿热性能好。欧洲空客超大型客机 A380 整个上机身蒙皮和垂直方向舵的前缘使用纤维金属层板，实现减重近 1t。

1977 年至今，德国汽车用材料，普通钢用量下降 14%，高强钢用量上升

8%，铝合金用量上升 7%，镁合金用量上升 2%，塑料及复合材料用量上升 3%。预计到 2035 年，普通钢的用量将下降至 20%，轻量化材料用量将达到 70%。在可预见的未来，发展轻量化高性能绿色材料是另一个重要趋势。

5.3 产品绿色设计支持系统的集成化与行业化

▶ 1. 发展意义

绿色设计集成技术的发展涵盖企业绿色设计集成的应用需求、设计集成系统性工程的绿色性发展以及设计集成系统在企业中的应用等。绿色设计集成是绿色设计与制造的关键。其目的是将内外部条件、功能需求、设计目标、绿色性、经济性等集成，协调冲突，决策优化生成合理绿色设计方案。一方面以实际应用为线索，将目前绿色设计领域中众多的理论和技术进行方法上的集成应用，实现绿色可持续发展的目标；另一方面顺应了产品集成化设计和计算机辅助设计发展趋势。

绿色设计集成技术的应用将是对产品设计理念与模式的变革，有助于缩短开发设计周期，在满足功能需求的约束下，缩短开发周期、降低产品生命周期内环境影响，增强产品在全生命周期内的综合性能。产品绿色设计集成技术的研究和实践，必将提升我国制造业的水平，降低资源消耗和环境污染物排放，有效提高生产的经济效益和社会效益，促进产品结构及技术调整，同时也将成为现代制造业可持续发展的一种模式。

深入研究产品的绿色设计集成技术有助于推动制造业新型工业化发展，带动相关工业企业走出一条科技含量高、经济效益好、资源消耗低和环境污染少的新型工业化道路。绿色设计集成有助于加快绿色产品开发，有效推动企业实施绿色供应链管理，支撑企业实现绿色制造，提高我国工业绿色制造和节能低碳发展水平。未来，绿色设计集成技术将展现出广阔的应用前景。

▶ 2. 发展现状

集成思想最早体现为计算机集成制造（Computer Integrated Manufacturing, CIM），1974 年 Joseph Harrington 提出计算机集成制造的概念，通过计算机网络技术、数据库技术等软硬件技术，把企业生产过程中经营管理、生产制造、售后服务等环节联系在一起，构成了一个能适应市场需求变化和生产环境变化的大系统，进而提高企业生产适应市场需求的竞争能力。伴随环境问题日益突显，如何将产品绿色设计融入传统设计过程，实现不同功能模块与现有设计模式的有效集成，成为各国学者的研究重点。

早在 2001 年，美国能源部、环境保护局等 9 个部门发起了美国版生命周期清单数据库（U. S. Life – Cycle Inventory Database）的项目，旨在建立美国的生命周期清单数据库及共享集成应用平台；欧洲 8 个 LCA 研究机构自 2007 年开始在欧盟支持下建立统一的欧洲生命周期评价及应用平台；2007—2013 年，欧盟第七框架计划（European Union's 7th Framework Programme）提出建立可持续设计集成平台 G. EN. ESI。我国为进一步加快实施《中国制造 2025》，促进制造业绿色升级，财政部、工业和信息化部决定 2016 年—2018 年开展绿色制造系统集成工作，支持企业与科研机构形成联合体，共同建设绿色设计信息数据库、绿色设计评价工具和平台等，在联合体内实现绿色设计资源共建共享。同时，国内外学者也针对绿色设计的集成展开研究。

麻省理工学院 Douglas Eddy 等提出一种基于语义框架的产品全生命周期设计信息的集成建模方法，通过语义关联将有关产品绿色设计数据、知识、标准和法规等需求直接集成到设计过程中，实现了产品经济、环境和功能的综合优化。米兰理工大学的 Tullio Tolio 等提出了集成工厂设计框架的概念，以支持数字工厂工具之间的互操作性。该框架能够实现在统一的制造系统模型上对异构的设计、分析软件工具进行关联、交互。合肥工业大学江吉彬等对绿色机电产品集成化开发的基础理论与技术方法进行研究，着重就系统体系结构、建模，以及报废回收设计的产品应用模型和使能工具等进行深入探讨，并将这些理论和方法应用于"绿色产品集成化开发系统"GPDS 的研制和开发中。重庆大学曹华军等针对产品的生命周期评估体系进行研究，建立了 LCA 的体系结构，在对产品绿色生命周期评估在绿色制造中的应用进行分析的基础上，探讨了此评估体系结构与绿色制造的集成关系。海南大学刘世豪等构造了基于物联网的汽车制造系统集成设计云平台，借助物联网监测系统在线状态数据，解决汽车智能制造系统性能指标优化问题，提高了制造系统的智能化水平。武汉科技大学张绪美等从生态足迹理论的视角，对绿色制造系统内涵进行分析，基于"同态同构"原理，利用"合成场元"和"集成场"理论建立了绿色制造系统集成模型。通过绿色制造系统物质量的输入输出的研究，对绿色制造系统的经济效益、社会效益和生态效益进行评价和优化，为生态足迹下的绿色制造系统运行提供指导。

目前，绿色制造集成的基础理论与方法技术存在一定的研究基础并逐渐完善。然而，现有的绿色设计研究与应用多停留在单元工具与方法，绿色设计技术与方法体系的集成性、系统性研究较薄弱。如何在产品设计阶段，从集成的角度全面综合产品的材料、制造、使用及废弃后的回收处置全过程，使各阶段交叉、重叠进行，达到节约能源、综合利用资源、减少污染、保护环境、增强产品的绿色程度等目的，建立经济绩效与环境绩效协调发展的绿色制造集成系统，真正实现可持续发展成为重要的研究方向。此外，集成技术体系复杂、流程分散、方法多元、数据格式差异性大、软件工具支撑力度不足是构建绿色设计集成支持系统的难点问题。

▶ 3. 发展趋势

产品绿色设计集成技术是一个复杂的系统性工程问题。产品绿色设计技术是以产品生命周期信息流、物质流、能量流、人员流、组织流为核心的现代设计方法。绿色设计涉及产品生命周期全过程和企业生产经营活动的各个方面。由于产品绿色设计存在设计方法多元、设计信息异构、设计流程并行的特点，涵盖人员、组织、方法技术、功能、信息数据、环境生态等多方面要素，因此产品绿色设计集成研究对于提升设计效率和产品综合性能具有重要意义。其中，绿色设计流程集成、绿色设计方法集成、绿色设计数据集成和绿色设计计算机辅助工具集成是绿色设计集成研究的关键问题。

1）绿色设计流程集成运用建模方法表达各设计流程之间的信息流动，研究绿色产品设计信息流动机制，研究绿色设计信息在产品生命周期各环节之间传递、反馈机制；从产品绿色设计信息覆盖企业 ERP、PDM 等资源的角度讲，产品设计不同阶段将如何调用资源、如何将企业资源集成到产品设计的各个阶段之中，实现产品绿色设计流程集成，实现设计资源高效循环调配，是解决产品绿色设计流程分散问题的关键问题之一。

2）绿色设计方法集成是形成全生命周期集成设计的理论前提。绿色设计的目标是实现时间、质量、成本、服务、环境、资源之间的综合效益，它们构成了一个绿色设计功能目标的有机体系。从产品设计的全生命周期角度出发，通过合理的建模及表达方式描述产品绿色设计集成技术要素，研究面向绿色设计的多目标冲突消解、多学科协同优化方法，支持产品生命周期评价与绿色设计方法系统集成，实现基于数据驱动的产品绿色设计集成智能优化，是未来绿色设计方法系统集成研究的重点。

3）绿色设计数据集成是实现全生命周期信息共享和交换、实现绿色协同设计的基础。产品绿色设计模型所需清单数据是面向全生命周期的，如何有效提取并建立绿色度所需清单数据，自动筛选、聚合产品全生命周期绿色属性信息，支持产品绿色设计数据集成、知识表达和重用，快速建模评估设计方案、优化绿色设计资源配置、提升产品绿色设计效率是绿色设计数据集成技术难点。

4）绿色设计计算机辅助工具集成是支撑绿色产品开发和提升设计效率的关

键。现有绿色设计软件硬件平台、操作系统、通信协议等之间的差异化，阻碍工具系统的集成性、系统性开发。将现有计算机辅助工具与通用性数据管理系统有机结合，开发出具有数据关联、共享和交换、支持设计流程控制等功能的绿色设计集成平台，完成绿色设计信息数据资源、全生命周期评价工具软件以及绿色设计使能工具等的集成，实现绿色设计的企业级集成应用是未来面临的巨大挑战。

5.4 资源循环利用技术的智能化与产业化

▶▶ 1. 发展意义

材料效率的核心价值在于节能减排。现代材料生产已经在很大程度上节省能源，但其本质还是高耗能产业，虽然仍有提升能效的空间，但这些并不足以满足温室气体减排的要求。从环保角度出发，材料的生产和加工对环境有着极强的负面影响，这样的影响虽然可以通过提高现有流程的效率加以改善，可终究不是治根之法。多年来，学术界对材料的初级及次级生产方法进行比较后发现，通过提高材料效率，可使未来制造能力提升50%而不增加排放，突显了材料效率的重要意义。

经过多年的努力，我国已经成为制造大国。随着机械制造系统及装备和人民生活水平的不断提高，汽车、摩托车、冰箱、洗衣机、计算机、手机等耐用消费品以及工程机械、矿山机械、机床、注塑机、非道路用内燃机等机械装备进入功能性报废期。到2020年，我国废钢铁、废有色金属、废塑料、废轮胎、废弃电器电子产品、报废汽车、报废船舶七类再生资源可回收规模达到3亿t。值得注意的是，这些再生资源中有一部分是以发动机、变速器等高附加值零部件的形式存在，而非单纯的原材料。因此，作为"城市矿产"的重要组成部分，报废机电产品的资源循环高值利用必将成为落实绿色发展理念，推进供给侧结构性改革，加快构建低消耗、少排放、能循环的现代产业体系，实现生产生活方式绿色化的重要途径。

▶▶ 2. 发展现状

资源循环高值利用技术包括产品逆向物流技术、绿色高效拆解技术、破碎分选技术、再制造技术等。在科学技术部国家科技支撑计划的支持下，"十一五""十二五"期间，通过建立健全废旧汽车、家电、工程机械、矿山机械、机床等机电产品的逆向物流管理体系，掌握退役产品循环高值利用的基础技术和产业化关键技术，实现了整机和零部件的再使用、再制造，以及再生材料零部件的产业应用。

例如，在家电产品的资源循环高值利用技术方面，研制出了废旧冰箱、电视机、洗衣机、空调无害化处理生产线，空调换热器铜铝分离、废旧电路板电子元器件拆解、电子元器件全自动无损分类分拣、压缩机开壳拆解等一批专用设备，使废旧空调换热器的铝铜分离率达 98.5%，废旧电路板电子元器件拆解率达 98.5%、分层缺陷达到 7.7%，元器件自动分类正确识别率达 96.3%、正确分拣率达到 90.1%，并建成废旧家电回收处理试验基地，形成年处理废旧冰箱 8 万台、废旧液晶和等离子电视模组 3 万片、空调压缩机 2 万台和废旧空调换热器 6 万套的能力。

在报废汽车的资源循环高值利用技术方面，研究了报废汽车绿色拆解工艺流程，开发了环保预处理与深度拆解专用设备，建成了年拆解能力 3 万辆的退役乘用车高效深度拆解生产线和年处理能力 5 万 t 的破碎识别分选处理成套装备，取得了比较明显的经济效益，为提升我国报废汽车回收拆解行业的水平提供了技术支撑。开发了乘用车内外饰件大规模破碎、分选、同等性能再利用技术，建成了年处理能力 1500t 的报废汽车内外饰件再利用处理生产线，实现保险杠表皮涂层的有效去除率达 99%，PU、ABS/PVC，PP/ABS，PP/PC 的分选效率超过 95%，添加 30% 的再生塑料用于生产新保险杠、车门内饰板和仪表板，仍能满足技术性能要求，实现生产过程用水量减少 20.8%、能耗减少 10.4%、废水排放量减少 26.8%、废油排放量减少 25%、二氧化碳和二氧化硫等气体及固体污染物的排放量减少 11%。

▷▷ 3. 发展趋势

我国资源循环高值利用技术未来的发展趋势将体现在：通过强化技术装备支撑，提高退役机电产品智能高效、循环高值利用水平，推进资源再生利用产业规范化、规模化发展；通过大力发展再制造产业，实施高端再制造、智能再制造、在役再制造，推进再制造产业的规模化发展。具体包括如下四方面：

（1）"互联网＋"退役产品逆向物流平台方面　应用互联网和物联网技术，开发退役产品回收逆向物流平台，实现退役产品所有者、回收商、二手件、再制造件、重用件等相关者网络化互联互通，提高废旧产品资源循环率。

（2）智能高效拆解、破碎、分选技术方面　加快新技术的应用，自主开发新一代智能高效拆解、破碎、分选技术，以及关键功能部件与装备，提高装备智能化水平、拆解效率、分选精度和再利用率，降低可拆解零部件的损伤率，提高可重用率和可再制造率。

（3）典型废旧产品资源化高值再利用技术方面　结合新能源汽车、家电、动力电池等典型废旧产品，开发资源化再利用关键技术及其产品，加快发展废旧产品资源化再利用产业链，提高再利用效率和产业附加值。

（4）典型机械装备及零部件高性能再制造技术方面　开发智能再制造、在役再制造和高端制造关键技术与装备，提高机械装备及零部件再制造性能，加快再制造产业发展。

5.5　制造系统及装备全生命周期的绿色优化

制造系统及装备是制造业制造加工的实施主体，制造系统及装备的绿色优化也是实现制造业绿色发展的核心内容之一。同时，制造系统及装备也是装备供应商的价值载体，制造系统及装备的绿色优化是装备供应商实现绿色制造、跨越绿色贸易壁垒的前提和基础。

目前我国制造系统与装备普遍存在能耗高、故障率高和寿命短等突出问题，如许多压缩机组实际运行效率比设计效率低5%～20%；事故时有发生，不能确保安全可靠、长周期运行。工业和信息化部、中国工程院共同组织的制造系统及装备绿色发展工程科技战略及对策课题组的报告指出：制造系统及装备绿色工程要立足于制造系统及装备全生命周期，即制造系统及装备的设计、制造、运行、在役再制造、再制造等阶段，还要考虑与生产过程的和谐适应，确保制造系统及装备自身和生产过程的安全、节能、节材和环保，实现绿色化。

制造系统及装备全生命周期的绿色优化，已展现了以下四个方面的发展趋势：

（1）制造系统及装备绿色设计优化　过去，我国装备技术主要以消化吸收、仿制为主，缺乏自主创新品牌；面向高能效与轻量化的绿色设计技术基础薄弱，既缺乏绿色设计理念，也缺乏绿色设计的支撑基础。现有制造系统及装备设计忽视与生产过程的协调，实际运行场景远离设计工况且设备自适应能力不足，因此制造系统及装备需要进行绿色优化设计。在满足使用功能、保证力学强度和使用寿命的前提下，简化结构，实现装备的轻量化，达到节材和节能的效果。将科技进步的新理论、新理念、新材料、新工艺、新技术及时融入设计中，从而改进设备结构、提升运行监控水平，有效提升设备和制造系统的绿色度。在设计过程中增强可回收的意识，使装备结构具有多重可回收性，推进资源循环利用。

（2）制造系统及装备绿色运维　在绿色制造的产品生命周期主线上，制造系统及装备的运维是非常重要的一个环节。一方面，设备故障突然发生，系统的维护成本势必增加，同时也会造成原材料的损失及破坏、生产系统的效能以及企业生产率的降低；目前，设备故障已经不能被当成偶发事件看待，而是由许多隐藏性的因素因长期累积问题所造成的系统临时故障。另一方面，制造系统及装备的运行过程，即工业产品的生产制造过程，属于资源密集消耗过程；量大面广的制造系统及装备，势必带来总额巨大的资源消耗，长时间的低效率运转，带来的资源能源浪费以及环境问题非常严峻。因此，如何通过对制造系统及装备运行状态进行实时监控与大数据评估，预测和诊断制造系统及装备的运行状态，提高制造系统及装备服役阶段的生产效率和资源效率，是当前实施绿色制造的重要技术需求和发展趋势。

例如，能源是制造系统及装备运行过程中消耗的主要资源，提升制造系统及装备能量效率已发展成为了各国制造业可持续发展的重要战略之一。如英国政府发布了《低碳转换计划》（*Low Carbon Transition Plan*）国家战略文件，要求到 2020 年碳排放量在 1990 年基础上减少 34%，其内容涉及能源、工业和交通等多个方面。欧盟也发布了《2030 气候 & 能源框架》（2030 *Climate & Energy Framework*），到 2030 年提高能源利用率 27%。美国《先进制造伙伴计划》指导委员会向美国总统科学技术顾问委员会提出建立专门机构关注能源密集型和数字信息密集型制造业的能源使用优化，建立卓越制造中心专注于包括开发节能数字制造工具在内的基础研究；不仅如此，美国能源部还宣布向清洁能源制造创新研究所（Clean Energy Manufacturing Innovation Institute）投资 7000 万美元用于制造过程能量效率和生产率提升研究，计划至少将能量效率提升 15% 和生产率提升 50%。因此，在未来一段时间内，发展制造系统及装备的高效低碳技术仍旧是一项重要趋势。

（3）制造系统及装备绿色再制造　制造系统及装备属于资本密集型和资源能源密集型产品，从原材料、零部件到最终产品的生产制造过程需要耗费大量的资金、资源和能源。当制造系统及装备服役期满时，如果直接将其当作报废物处理，不但浪费了这些已制造成产品的资源，还会导致生产这些资源能源密集型产品所消耗的资源的间接浪费。因此，如何实现在役再制造延长制造系统及装备的服役周期，如何实现退役再制造再次利用制造系统及装备零部件，是制造系统及装备全生命周期绿色优化的重要技术需求。近年来，装备再制造关键技术研发取得了重要突破，形成了再制造关键技术群，促进了装备再制造产业化发展。就产业化发展需求而言，制造系统及装备绿色再制造，还需要提升产业技术高效化和服务高效率水平，同时还需要将互联网、物联网、大数据、云计算等新一代信息技术与再制造回收、生产、管理、服务等各环节融合，通过人技结合、人机交互等集成方式，开展分析、策划、控制、决策等先进再制造生产方式。

（4）制造系统及装备绿色技术的全生命周期集成　目前，制造系统及装备的绿色优化还处于初级阶段，虽然实现了设计、制造、运营服务单个环节的部分绿色技术，但各项技术还处于孤岛状态，难以获得整体性的优化效果，图5-1所示。因此，从生命周期的角度来全局优化制造系统及装备的资源效率，即制造系统及装备全生命周期的绿色优化，也是当前绿色制造技术研究与发展的一个重要趋势。

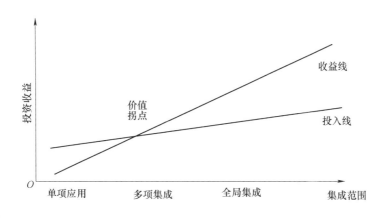

图5-1　投入收益及其价值拐点

5.6　绿色制造技术服务的行业平台化

近年来，在全球绿色新政的推动下，建立绿色制造技术服务平台的需求和意义越来越突出。比如，美国商务部发布的《环境技术市场报告》指出：2015年，全球环境技术产品和服务市场规模达到1.05万亿美元；美国拥有单一最大市场，约占全球市场的1/3，环境技术产业雇佣了大约160万人；中国是环境技术需求最大、发展最快的新兴市场，2017年中国整体环境技术市场（包括商品和服务）的价值为657.8亿美元。由此可见，绿色制造技术服务的市场潜力巨大。

发展绿色制造技术服务具有突出的经济效益和社会效益，而面向制造业的各个行业，建设绿色制造技术行业服务平台，不仅可以进一步透明化国内外绿色制造技术服务以方便企业更便捷地解决企业内部的资源环境问题，还可为绿色制造技术产业走向印度、越南等新兴市场提供平台和支撑。

未来，可能发展的平台包括面向具体行业的绿色设计服务平台、绿色生产服务平台、绿色供应服务平台、绿色运维服务平台、绿色回收与再制造服务平台等，这些平台可为政府和企业实施绿色制造提供重要支持。

绿色制造技术服务可为企业实施绿色制造提供绿色制造数据和技术支持。企业实施绿色制造往往涉及各种各样的、企业自身难以获取和具备的数据和技术。比如企业开展产品绿色设计时，往往需要对产品制造阶段、运输阶段、使用阶段、运维阶段、回收再制造阶段以及供应链等的环境影响、资源消耗等进行评估，这往往需要收集包括材料数据、制造数据、使用数据、故障数据等在内的海量数据。而这些数据，往往时间跨度、专业跨度、功能跨度等差异很大，非常复杂；制造企业往往难以独自获取和使用这些数据，迫切需要建立相应的技术服务平台，来收集、处理、分析和使用这些数据。

同样，为实现产品的绿色生产，制造企业需要考虑资源效率、环境负面影响等进行多目标决策，以制定合适的工艺路线和工艺参数。然而，该多目标决策过程往往需要大量的工艺基础数据、技术和人才，这对于制造企业，特别是中小型企业而言，是难以获取的。而一旦存在这样一个面向行业的绿色生产技术服务平台，收集行业绿色生产实践数据，便可提取行业共性数据。在行业共性数据的支持下，结合制造企业自身的特征数据，便可为众多制造企业实施绿色制造多目标决策提供数据支撑。随着绿色制造服务平台用户以及数据量的增加，便可实现平台的良性循环。

总体来讲，绿色制造服务平台，一方面可为企业提供技术发展动态信息、国家和地方产业发展政策、技术创新成果交易展示、新技术新工艺需求、创新人才、专家团队等信息技术支撑服务，另一方面还可为政府产业政策、规划制定等提供分析报告服务。

5.7 绿色制造技术的研究与发展趋势总结框图

综上所述，如图 5-2 所示，在绿色制造"五化"总体发展趋势基础之上，绿色制造技术存在着机械制造绿色材料与工艺创新、产品绿色设计支持系统的集成化与行业化、资源循环利用技术的智能化与产业化、制造系统及装备全生命周期的绿色优化、绿色制造技术服务的平台化五类技术发展趋势，同时呈现出绿色产品制造业、实施绿色制造的软件及服务产业以及资源循环利用产业等新兴产业。

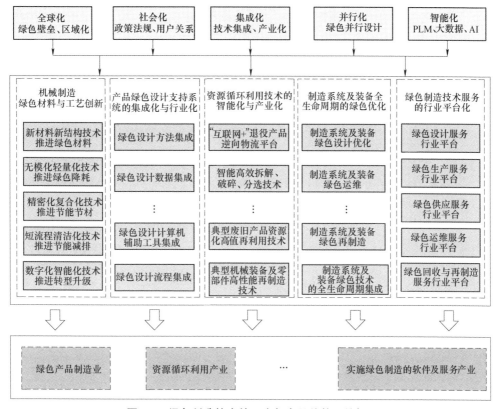

图 5-2　绿色制造技术的研究与发展趋势总结框图

参 考 文 献

[1] 刘飞，曹华军，何乃军．绿色制造的研究现状与发展趋势 [J]．中国机械工程，2000 (Z1)：114-119，5.

[2] 宋天虎，汪晓光，绿色制造再思考 [R]．南京：2019 年绿色制造国际会议，2019.

[3] 曹华军，李洪丞，曾丹，等．绿色制造研究现状及未来发展策略 [J]．中国机械工程，2020，31 (2)：135-144.

[4] 刘飞，刘培基，李聪波，等．制造系统能量效率研究的现状及难点问题 [J]．机械工程学报，2017，53 (5)：1-11.

[5] 国家发展和改革委员会．关于印发《绿色产业指导目录 (2019 年版)》的通知 [EB/OL]．[2020-02-21]．https：//www.ndrc.gov.cn/fggz/hjyzy/stwmjs/201903/t20190305_1220625.html.

[6] 单忠德．机械装备工业节能减排制造技术 [M]．北京：机械工业出版社，2014.

[7] 中国汽车工程学会．汽车先进制造技术跟踪研究 [M]．北京：北京理工大学出版社，2016.

[8]《世界汽车车身技术及轻量化技术发展研究》编委会. 世界汽车车身技术及轻量化技术发展研究 [M]. 北京：北京理工大学出版社，2019.

[9] 熊光楞. 计算机集成制造系统 [J]. 控制与决策，1990（4）：59-64.

[10] 吴澄，李伯虎. 从计算机集成制造到现代集成制造：兼谈中国 CIMS 系统论的特点 [J]. 计算机辅助设计与制造，1998（10）：5-10.

[11] Anon. 21st century sustainable manufacturing competitiveness：strategies and practices for computer integrated manufacturing [J]. International Journal of Computer Integrated Manufacturing，2015，28（12）：1360-1361.

[12] LIN G，YUAN F，LIN H. Research on computer integrated manufacturing system [C] // Fourth International Conference on Digital Manufacturing & Automation. New York：IEEE 2013：1043-1046.

[13] SUZUKI S. Factor technical⊖ of computer integrated manufacturing [J]. Production Management，1995（1）：94-112.

[14] 任芬芬. 浅论对计算机集成制造系统的认识 [J]. 山东工业技术，2015（18）：125.

[15] G. EN. ESI - Integrated software platform for Green Engineering design and product sustainability. [EB/OL]. [2020-12-23]. http：//www. pdc. minambiente. it/en/area/temi/effidentuse-resources/genesi-project.

[16] EDDY D，KRISHNAMURTY S，GROSSE I，et al. An integrated approach to information modeling for the sustainable design of products [J]. Journal of Computing and Information Science in Engineering，2014，14（2）：021011.

[17] TOLIO T，SACCO M，TERKAJ W，et al. Virtual factory：an integrated framework for manufacturing systems design and analysis [J]. Procedia CIRP，2013，7：25-30.

[18] 江吉彬. 绿色机电产品集成化开发系统建模技术与应用研究 [D]. 合肥：合肥工业大学，2003.

[19] 曹华军，陈晓慧，刘飞. 产品生命周期评估的体系结构及其与绿色制造的集成关系 [J]. 航空维修与工程，2000（6）：10-12.

[20] 刘世豪，李斌勇. 基于物联网的汽车制造系统集成设计云平台 [J]. 华南理工大学学报（自然科学版），2018，46（12）：84-92.

[21] 张绪美. 基于生态足迹的绿色制造系统集成及运行研究 [D]. 武汉：武汉科技大学，2016.

[22] 郑季良. 绿色制造系统的集成发展研究 [D]. 昆明：昆明理工大学，2007.

[23] 江吉彬. 绿色机电产品集成化开发系统建模技术与应用研究 [D]. 合肥：合肥工业大学，2003.

[24] U. S. Department of Commerce. Top markets series：environmental technologies [EB/OL]. [2020-07-08]. https：//legacy. trade. gov/topmarkets/environmental-tech. asp.

⊖ 期刊原稿为 technical，疑为 technique。

第 6 章

———

我国绿色制造发展的几点建议

6.1　我国绿色制造重点发展技术建议

绿色制造技术体系由绿色设计技术、绿色生产技术、绿色供应链管理技术、绿色运维技术以及绿色回收与再制造技术五类专项技术和多项产品生命周期管理技术组成。早期，绿色制造技术主要集中在解决制造过程的污染排放问题，并取得了较突出的成绩；今后，将集中实现产品全生命周期的高能效、低物耗以及资源高值循环利用。

"我国绿色制造重点发展技术建议"是一个需要深入研究的重大课题。本书只是根据作者们在绿色制造领域的研究基础和国内外研究的发展趋势，提出以下六点重点发展技术建议，抛砖引玉，供读者参考。

6.1.1　典型行业绿色集成设计支持系统

针对绿色设计集成技术体系复杂、流程分散、方法多元、数据格式差异性大、软件工具支撑力度不足等问题，从集成视角出发，通过对绿色设计技术体系集成、绿色设计流程集成、绿色设计方法集成、绿色属性数据集成、软件集成等方面进行系统的论述与剖析，基于网络信息技术构建产品全生命周期管理的绿色集成设计平台，实现对能量流、物质流、信息流及设计流程进行绿色集成管理，有效地支持产品全生命周期绿色集成设计。其中，需要重点关注以下技术及发展方向：

(1) 产品生命周期评价与绿色设计过程深度集成　开发面向产品设计阶段的绿色信息数据库和评价工具，将产品生命周期评价与产品方案设计各阶段进行深度集成，实时评价产品绿色设计过程中的环境影响，建立从评价结果到设计过程的闭环反馈机制，支持产品全生命周期绿色属性协同优化。

(2) 并行化/协同化/柔性化的绿色集成设计网络集成系统建设　通过绿色设计单元技术关联映射，构建绿色设计过程集成平台系统，集成各项绿色设计使能工具，支持绿色设计工作流重组、柔性扩展及重用，实现绿色设计活动、数据流和控制流的建模、分析和优化。

(3) 绿色集成设计与人工智能技术的结合　基于大数据、机器学习、知识管理等技术，研究面向设计、制造、使用及回收处理的机电产品全生命周期绿色智能设计方法。构建绿色设计知识图谱模型，利用语义关联、数据挖掘进行知识关联和动态更新，构建基于知识图谱的绿色设计自适应学习系统；面向设计人员的共性需求与个性需求，研究绿色设计知识与数据的主动推送方法，实现设计过程中的精准信息共享与适时信息推送。

6.1.2　高能效装备与高能效制造系统优化设计技术

关于高能效装备与高能效制造系统优化设计问题的研究，国内过去总认为单台装备能量消耗不大，特别是相对于钢铁、化工等流程领域和锻压、铸造等热加工领域显得较小，因而学术界对其重视不够，导致研究不足。但近年来的研究发现机床等制造装备及其制造系统量大面广，能量消耗总量巨大，有效能量利用率很低，节能潜力巨大。因此，迫切需要设计开发高能效装备以及高能效制造系统。

国际上对设计开发高能效装备以及高能效制造系统十分重视。如：2008年，欧盟将生态机床列入生态设计指令 2009/125/EC 的工作计划，要求提高机床的资源效率和能源效率，降低机床的环境影响；欧洲的"下一代生产系统"（Next Generation Production Systems）提出减少机床功率消耗 30% ~ 40%，减少污染排放 50% ~ 60%，报废机床材料 100% 可回收。ISO 于 2014 年发布了《高能效机床设计规范》国际标准，要求将机床的环境影响指标纳入机床设计多目标体系之中，提高机床在使用阶段的能量效率并降低机床的环境负面影响。

一些著名的科研院所也开展了一系列高能效装备与高能效制造系统优化设计技术的研究。如德国弗劳恩霍夫机床与成形技术研究所（Fraunhofer Institute for Machine Tools and Forming Technology，IWU）的科研人员研究了高能效机床的结构原则和结构轻量化设计策略。德国布伦瑞克工业大学的机床与生产技术研究所联合澳大利亚新南威尔士大学的可持续制造和生命周期工程研究团队成立了德 - 澳可持续制造和生命周期管理联合研究团队，双方合作开展了机床以及生产系统的资源效率和能源效率提升技术研究。

综上所述，高能效装备与高能效制造系统优化设计意义重大，其研究在国际上也才刚刚起步，是一个很有前景的课题。

6.1.3　制造过程绿色优化运行技术

制造过程绿色优化运行技术，其目标在于提升制造过程资源效率、降低环境负面影响。其中，开发绿色工艺技术和工艺绿色优化技术是制造过程绿色优化运行技术的重点。

（1）开发绿色工艺技术　制造过程的资源消耗和环境负面影响水平在很大程度上由制造工艺所决定，而研发绿色新工艺，可以大幅度提高制造过程的资源效率并降低其环境负面影响。一方面，需要针对各制造行业，开发行业专用的绿色工艺。比如针对钢铁行业，需要加快新一代可循环流程工艺技术研发，大力开发推广具备能源高效利用、污染减量化、废弃物资源化利用和无害化处理等功能的工艺技术。另一方面，需要大力开发具有行业共性的绿色基础工艺。比如铸造、锻造、焊接、热处理、表面处理等基础工艺，在我国制造业中涉及面广，带来的资源消耗和环境负面影响问题突出。因此，需要不断创新绿色基础工艺新原理、新方法、新技术、新装备，突破绿色基础工艺关键科学问题，加强基础理论及方法研究。

在此以绿色机械制造工艺研发为例，一方面，需要加强绿色制造的工艺材料基础理论方法研究，如非均质材料形变理论、全流程多尺度数值模拟理论、绿色制造工艺定量表征与精准预测、材料成形组织与性能控制原理及质量检测方法、绿色制造过程控形控性基础理论及实现方法、环境友好的机械材料创新设计与制备技术、无害化替代材料制造工艺等。另一方面，需要加强绿色制造装备实现原理与实现方法、绿色制造工艺及装备技术研究，如高效高精绿色铸造技术、低能耗高能电弧热源焊接成形技术、低污染绿色焊接材料设计与制备、无害化表面处理工艺、绿色制造工艺软件与控制系统、绿色工艺数据标准规范及数据库、再制造基础理论及评价方法等。此外，还需加强绿色化工艺新原理、新方法、新材料与新装备研究，如增材制造工艺、高速干切等低物耗和低排放工艺等。

（2）工艺绿色优化技术　工艺绿色优化技术是制造过程绿色优化运行技术中最为广泛的一种，不仅需要解决制造过程的污染排放问题，还需要针对制造业中各个行业制造工艺的资源利用率进行集中提升，优化开发形成一系列高能效、低物耗、低排放、废弃资源再利用的绿色工艺。比如，针对钢铁加工工艺，可以优化开发形成由烧结工序绿色工艺、球团工序绿色工艺、焦化工序绿色工艺、石灰窑工序绿色工艺、炼铁工序绿色工艺、转炉炼钢工序绿色工艺、电弧炉炼钢工序绿色工艺、轧钢工序绿色工艺等构成的钢铁绿色加工工艺技术体系。

此外，考虑到离散制造系统能耗与能效的复杂特性和研究现状，结合作者在此领域的多年研究和思考，本书分析和总结出离散制造系统高能效优化运行研究的几个重点发展技术，其中包括离散制造系统能量效率建模技术、离散制造系统能量效率精细评价技术、离散制造系统产品能耗限额制定技术、离散制造系统高能效多目标优化技术等多项技术。

▶▶ 6.1.4　装备及产品再制造成套技术及装备

伴随人类社会高速发展的是资源的快速消耗和环境的不断恶化，资源紧缺和环境污染成为人类面临的共同难题。促进循环经济发展，推动制造业升级转型是解决资源与环境问题的必然选择。再制造作为循环经济发展的重要支撑，形成了"两型社会、五六七八"的高效益绿色再制造模式，即促进资源节约型和环境友好型社会发展，达到成本约为新品的50%，节能60%、节材70%、减排80%。

再制造高度契合国家推进的绿色发展战略，成为实现循环经济"减量化、再利用、资源化"的重要途径。目前，我国再制造产业正处于蓬勃发展的时期。巨量的机械装备进入报废高峰期，年报废汽车约500万辆，全国役龄10年以上的机床超过200万台，80%的在役工程机械已超过质保期，30%的盾构设备处于报废闲置状态，办公设备耗材大量更换，造成了大量的资源浪费和环境污染。经济社会发展要求再制造发挥更大作用，机械行业现状需要再制造扩大产业规模。巨大的再制造产业需求也对再制造技术等方面的发展提出了新的更高要求。

结合再制造工程发展趋势和要求，将需要重点开展以下四个领域的再制造关键技术研究：

1）再制造设计与管理领域，重点开展再制造设计与评价技术、再制造工程设计与规划技术、再制造物流优化控制技术、再制造信息管理技术、再制造标准化管理等，开发再制造性与产品其他设计属性集成的一体化设计平台。

2）再制造拆装与清洗技术领域，重点开展无损深度拆解技术、智能化高效拆解与装配技术、绿色高效清洗材料与技术等，并研制自动化、柔性化再制造拆解与清洗设备。

3）再制造检测与寿命评估领域，重点开展再制造毛坯损伤评价与寿命评估技术、再制造涂覆层损伤评价与寿命评估技术、再制造产品结构健康监测技术等，并研发汽车及工程机械、矿采机械、高端机床、国防装备等关键零部件再制造损伤评价及寿命评估技术设备。

4）再制造成形加工技术领域，重点开展再制造成形材料技术、纳米复合再制造成形技术、能束能场再制造成形技术、智能化再制造成形技术、硬质成形层再制造加工技术、应急快速再制造成形技术等，并研发再制造加工成形系列成套化装备。

》6.1.5 资源循环高值利用技术

第5章提到过，我国资源循环高值利用技术未来的发展趋势主要体现在：

通过强化技术装备支撑，提高退役机电产品智能高效、循环高值利用水平，推进资源再生利用产业规范化、规模化发展；通过大力发展再制造产业，实施高端再制造、智能再制造、在役再制造，推进再制造产业的规模化发展。在此，建议近年重点发展以下三类技术：

（1）退役汽车回收拆解与资源化技术　这些技术包括：退役汽车战略性金属和非金属材料同等性能的再利用、轻量化碳纤复合材料回收利用技术；车用锂离子动力蓄电池超长寿命电芯/模组/电池包/电池管理系统设计、可拆解/可回收性设计、梯次利用、安全拆解与破碎处理、正极材料的高附加值资源化技术；退役动力蓄电池梯次利用寿命预测与性能评估、电池深度放电、破碎分选、正负极材料分离提取与资源再生、无害化处理等新技术、新方法；退役汽车破碎残余物（ASR）、禁用物质零部件资源化及无害化处置技术。

（2）电子废弃物绿色回收拆解与资源化技术　开发针对废旧家电等电子产品拆解后产生的制冷剂、发泡剂、混合塑料、含铅玻璃、含有毒有害物质的零部件等的资源化成套绿色技术与装备；环保高效提取铜、金、银，以及铟等稀有金属，并开发出工业用原材料及高附加值深加工产品，实现材料的循环再利用及产业的可持续发展，使材料的再生利用率达到95%。

（3）高性能再制造技术　在第6.1.4小节所建议的再制造基础之上，重点针对汽车、工程机械、煤矿及矿山设备、机床、塑料机械等产品，内燃机、电动机、齿轮箱等关键零部件可开展相应的再制造关键技术研究。

▶ 6.1.6　推动绿色制造与智能制造融合，发展绿色智能制造技术

为实现绿色可持续发展，制造企业以及制造系统的运行总目标即为企业生态效益、社会效益以及经济效益的协调优化。为此，如图6-1所示，需要进一步推动以改善企业生产效率、产品质量、生产成本以及服务水平为目标的先进制造技术与以提升企业资源效率、降低企业环境负面影响为主要目标的绿色制造技术融合，形成绿色智能制造技术。

随着数字化、网络化以及智能化的发展和应用，先进制造技术正在与数字化技术、网络化技术和智能化技术等使能技术融合，形成新一代智能制造技术，以进一步改善企业生产效率、产品质量、生产成本以及服务水平。与此同时，绿色制造技术要实现资源利用率极大化和环境负面影响极小化，离不开数字化技术、网络化技术、智能化技术以及大数据技术等使能技术；要真正实现企业生态效益、社会效益以及经济效益的协调优化，也迫切需要绿色制造技术与智

能制造技术的有机融合。因此，绿色制造与智能制造的有机融合，是制造业绿色可持续发展的充分必要条件。

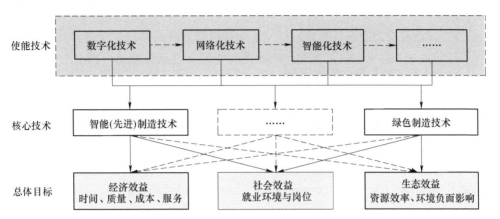

图 6-1　绿色制造技术与智能制造技术的内涵关系

绿色智能制造技术主要包括绿色智能制造装备设计制造技术、绿色智能制造过程关键技术和绿色智能制造系统集成运行技术三个部分。

1）绿色智能制造装备包括离散制造系统装备和流程制造装备，前者包括绿色智能机床、绿色智能锻压装备、绿色智能铸造装备、绿色智能热处理装备以及其他绿色智能专用装备等，后者包括绿色智能电炉、绿色智能连铸机、绿色智能离心设备、绿色智能干燥设备等。绿色智能制造装备并不是绿色制造装备和智能制造装备的简单结合。在此以高速干切绿色智能滚齿机为例。"滚—剃"和"滚—磨"是目前世界上广泛采用的两种齿轮加工工艺路线，且自动化程度低、广泛采用湿式加工工艺，存在切削液雾及滴漏废油所引起的车间环境严重污染和工人健康危害；同时，切削液及切削液附加装置的费用占加工成本的20%左右，并远远高于刀具成本的3%。与传统的齿轮加工设备相比，新型高速干切绿色智能滚齿机，不需要切削液；在解决车间环境污染问题和提升滚齿精度的同时，还能使齿轮滚切效率提高2~3倍，能量效率提高20%。

2）绿色智能制造过程关键技术包括绿色智能设计技术、绿色智能供应链技术、绿色智能生产技术、绿色智能运维技术以及绿色智能回收与再制造技术。绿色智能制造过程关键技术有两层含义：一是智能制造过程关键技术要实现绿色化，比如增材制造是一项智能制造技术，但采用该技术时需要解决产品制造过程是否高能效、多种复杂材料堆叠后是否有利于回收再利用等绿色环保问题；二是绿色制造过程关键技术要智能化支撑才能实现，比如现有绿色设计技术由于无法集成管理能量流、物质流、信息流及设计流程而难以进入实用化阶段，因此需要融合数字化技术和大数据处理技术，建立绿色智能设计技术。

3）绿色智能制造系统集成运行技术由绿色智能装备系统、绿色智能设计系统、绿色供应链系统、绿色智能生产系统、绿色智能运维系统、绿色智能回收系统以及绿色智能再制造系统等组成，并具有绿色智能生产线、车间、工厂、企业、企业集团、企业集群等不同层次结构。同时，绿色智能制造系统集成运行的目标，已由智能制造系统运行目标（改善时间 T、质量 Q、成本 C 和服务 S）和绿色制造系统运行目标（在不影响 TQCS 的前提下，优化资源利用率 R 和降低环境负面影响 E）集成为 TQCSRE 的综合集成优化。绿色智能制造系统的集成运行模式已不再是单环节的智能制造系统或绿色制造系统的优化运行，而要求打通生命周期各个环节存在的壁垒，形成从设计、生产、运行维护到回收与再制造等产品生命周期多环节的集成运行模式和系统。

6.2　我国绿色制造发展的支撑体系建议

▶6.2.1　加强培养绿色制造人才体系

为深入实施《中国制造2025》，教育部、人力资源和社会保障部、工业和信息化部印发了《制造业人才发展规划指南》。为提升绿色制造技术技能水平，该指南要求：在制造业行业开展绿色制造教育培训，引导制造业人才树立绿色观念，增强绿色制造技术技能，养成绿色生产方式和行为规范；鼓励高等学校、职业学校根据绿色制造发展需要积极开设节能环保、清洁生产等相关学科专业，与行业企业联合加强实习实训基地建设、研究开发课程教材，减少或取消设置限制类、淘汰类产业相关学科专业，推动制造业传统学科专业向低碳化、智能化发展；鼓励学校参与传统制造业绿色改造、参与绿色产品研发和相关标准制（修）订等。

尽管国家已在绿色制造人才体系建设上加快了步伐，但我们离国际上的绿色制造人才培育还存在一定差距。比如剑桥大学、麻省理工学院等众多高校开设了绿色制造技术、绿色制造系统、绿色制造建模与仿真、绿色产品开发、可持续性评估、可持续发展知识管理等绿色制造相关的课程；挪威科技大学、英国华威大学等开始陆续招收绿色制造或可持续制造硕士。我国这方面的教育才刚刚起步，需要进一步推动建设绿色制造专业技术人才队伍。

另外，绿色制造的研究领域和技术领域包括产品开发、制造技术、运行维护、回收再制造、全球价值链网络等，涉及机械工程、制造工程、工业工程、工程设计、商业经济学、微观和宏观经济学等多个学科。因此，需要进一步培育绿色制造多学科复合型专业人才。

为此，本书在此建议进一步加强培养绿色制造人才体系，具体包括以下三个方面：

1）加快培育创新性绿色制造技术领军人才、绿色制造工程技术人才以及绿色制造多学科复合型专业人才，打造绿色制造专业技术人才队伍。

2）加快培育绿色制造技术技能紧缺人才以及绿色制造共性技术领域人才，提升企业职工实施绿色制造的技能水平，打造绿色制造技术技能人才体系。

3）建设具有绿色发展视野的企业家和绿色运营管理人才队伍。

6.2.2 建立支持绿色制造的法律法规和标准的完整体系

法律法规和标准是促进企业转向绿色制造的推动器和指挥棒。绿色制造的法律法规和标准需要从产品生命周期的角度对企业实施绿色制造所存在的问题进行系统的监管和引导。比如，为解决与垃圾填埋有关的环境和健康问题引入了与垃圾回收和处理有关的政策；然而，大部分产品的生命周期中，重复使用、维修、再分配、再制造和翻新比垃圾回收相关的问题所受到的关注要少很多，但是对提升资源效率和减轻环境负面影响的作用要大很多。因此，需要进一步完善实施绿色制造的法律法规和标准体系。

为推动制造业向低碳、循环的绿色制造过渡和转型，我国已形成《循环经济促进法》《清洁生产促进法》等法律。同时，在绿色产品领域，我国制定了涉及产品能效、有害物质、生态设计等系列标准；在绿色工厂领域，我国转化了国外关于环境足迹评估、能源管理系统等方面的标准；在绿色企业领域，我国也重点提出了资源节约与环境保护责任的要求；在绿色园区领域，我国通过国家低碳工业园区试点、园区循环化改造、国家生态工业示范园区、国家新型工业化产业示范基地等专项工作的推动，建立了一批低碳、循环、生态示范园区；在绿色供应链领域，我国制定了供应链管理相关国家标准，并推动电器电子产品生产企业建立生产者责任延伸制度。因此，已初步形成了以绿色产品、绿色工厂、绿色企业、绿色园区和绿色供应链为主体的标准框架体系。但是，目前还没有建立较合适的方法和标准来衡量一个国家甚至一家公司在绿色制造转型方面的进程，也没有合适的工具来监测和支持绿色制造转型进程。

因此，本书建议进一步完善实施绿色制造的法律法规和标准体系，并在现有绿色制造标准基础之上重点关注以下两个方面：

1）进一步完善面向产品生命周期的绿色设计、绿色生产、绿色供应链、绿色运维以及绿色回收与再制造的协同监管法律法规与标准体系。

2）推动建立标准和方法来衡量国家、地区以及企业在绿色制造转型方面的进程，并建立合适的工具以监测和支持绿色制造转型进程。

▶▶ 6.2.3　建立面向行业绿色发展的绿色制造服务平台

建立绿色制造社会公共服务体系，是促进企业实施绿色制造的必要措施和重要保障。

近年来，我国在绿色制造服务方面取得了一定的进步。比如在国家有关部门的支持下，国内一些高等院校和研究院所对绿色制造技术进行了广泛的研究探索，一些生产与服务的企业、科研机构和行业协会等机构结成绿色制造技术创新合作组织。

但也需要清醒地认识到，虽然政府已非常重视绿色发展，但我国企业实施绿色制造还处于起步阶段，面临着大量的困难和现实制约因素；比如缺乏政府和产业界的强有力支持，研究领域的系统性和深度不够，产学研用脱节，使得绿色制造的理论和技术系统化不强，深度不够，实用性不足。而绿色制造服务平台的建设，能够推动形成完善的产、学、研、用一体化的机制，促进绿色制造技术应用与创新的长效机制。

绿色制造行业服务平台主要由行业联盟、科研院校、中介机构和解决方案供应商等组成。一方面，承担着优化资源配置，为行业内各制造企业提供绿色设计、工艺设计与验证、清洁生产和行业发展趋势等信息服务；另一方面可为制造企业提供技术支持、应用推广服务、知识产权服务、人才培训服务和合作交流等专业服务。

为此，本书建议搭建绿色制造行业服务平台，通过整合与优化配置行业绿色制造资源，开展行业内绿色制造共性技术应用服务，降低行业内制造企业实施绿色制造的成本，提高行业整体的绿色竞争力。

参 考 文 献

[1] Sustainability［EB/OL］.［2020-03-08］. http：//ec. europa. eu/growth/industry/sustainability/index_en. htm.

［2］ Next Generation Production System：NEXT［EB/OL］．［2020-12-23］．http：//cordis. euro-
    pa. cu/project/rcn/74842_es. pdf

［3］ ISO/TC 39. Machine tools-environmental evaluation of machine tools - part 1：design methodology
    for energy-efficient machine tools：ISO 14955-1：2014［S］．Geneva：ISO，2014.

［4］ NEUGEBAUER R，WABNER M，RENTZSCH H，et al. Structure principles of energy efficient
    machine tools［J］．CIRP Journal of Manufacturing Science and Technology，2011，4（2）：
    136-147.

［5］ KROLL L，BLAU P，WABNER M，et al. Lightweight components for energy-efficient machine
    tools［J］．CIRP Journal of Manufacturing Science and Technology，2011，4（2）：148-160.

［6］ ZEIN A. Transition towards energy efficient machine tools［M］．Berlin：Springer Science &
    Business Media，2012.

［7］ DUFLOU J R，SUTHERLAND J W，DORNFELD D，et al. Towards energy and resource effi-
    cient manufacturing：a processes and systems approach［J］．CIRP Annals-Manufacturing
    Technology，2012，61（2）：587-609.

［8］ 国家制造强国建设战略咨询委员会，中国工程院战略咨询中心. 绿色制造［M］．北京：
    电子工业出版社，2016.

［9］ 中国科学技术协会，中国机械工程学会. 2010—2011 机械工程学科发展报告（成形制
    造）［M］．北京：中国科学技术出版社，2011.

［10］ 刘飞，刘培基，李聪波，等. 制造系统能量效率研究的现状及难点问题［J］．机械工
    程学报，2017，53（5）：1-11.

［11］ 路甬祥. 走向绿色和智能制造：中国制造发展之路［R］．北京：中国创新论坛：从制
    造到创造——装备制造业振兴专家论坛，2009.

［12］ 周济. 智能制造："中国制造2025"的主攻方向［J］．中国机械工程，2015，26（17）：
    2273-2284.

［13］ "新一代人工智能引领下的智能制造研究"课题组. 中国智能制造发展战略研究［J］．
    中国工程科学，2018，20（4）：9-16.

［14］ "中国工程院绿色制造发展战略研究"课题组. 推进绿色制造 建设生态文明：中国绿色
    制造战略研究［J］．中国工程科学，2017，19（3）：53-60.